AF230495

LES

QUESTIONS SOCIALES

DEVANT

LA RÉALITÉ

PAR

MAXIME GAUSSEN

Ancien délégué aux conférences du Luxembourg.

PARIS

IMPRIMERIE ADMINISTRATIVE DE PAUL DUPONT

RUE JEAN-JACQUES-ROUSSEAU, 41

—

1872

LES QUESTIONS SOCIALES

DEVANT

LA RÉALITÉ

LES
QUESTIONS SOCIALES

DEVANT

LA RÉALITÉ

ÉPIGRAPHE :

De loin c'est quelque chose,
Et de près ce n'est rien.

PARIS

IMPRIMERIE ADMINISTRATIVE DE PAUL DUPONT

44, RUE J.-J.-ROUSSEAU (HOTEL DES FERMES)

1872

LES
QUESTIONS SOCIALES

DEVANT

LA RÉALITÉ

ÉPIGRAPHE :
De loin c'est quelque chose,
Et de près ce n'est rien.

Malgré le discrédit dans lequel sont tombés les différents systèmes socialistes qui se sont produits de nos jours, et ce qu'ont enseigné depuis un demi-siècle les hommes qui peuvent à bon droit passer pour des maîtres en matière d'économie politique et sociale, il y a encore des gens de bonne foi disposés à croire, qu'au point de vue de la constitution actuelle de notre société, bien de graves questions restent à résoudre ; et quelques-uns vont même jusqu'à penser que nous sommes, pour ainsi dire, dans l'enfantement d'un monde nouveau.

Il faut, en effet, avoir assez mûrement réfléchi sur ces matières, sur ce qu'on peut appeler les nécessités sociales, pour qu'en présence des misères regrettables, et des grandes inégalités de conditions qui frappent les yeux, surtout dans les centres de population, on ne soit disposé à croire que tout cela n'a pas sa raison d'être, et pourrait disparaître dans une meilleure répartition des produits du travail, c'est-à-dire de la richesse.

Les esprits aventureux, particulièrement, ont toujours une tendance à s'imaginer, qu'au moyen d'institutions nouvelles, on peut modifier le monde moral ; c'est-à-dire s'opposer aux tendances invincibles de l'humanité et aux conséquences matérielles qu'elles doivent avoir. C'est en général le fait de ceux dont les aspirations vagues et irréfléchies, ne tiennent aucun compte des véritables mobiles qui font agir le cœur humain ; aussi prennent-ils volontiers leurs séduisantes rêveries pour des choses parfaitement réalisables.

Cependant, pour tout dire, il nous paraît probable que beaucoup de ces faiseurs de théories, en matière d'économie politique et sociale, obéissent surtout au désir secret de se faire dans la société une situation qui satisfasse leur orgueil et leur ambition, et sont loin de se croire appelés au rôle de révélateurs. Ce qui doit les encourager du reste, c'est que tous les hommes qui ont su donner dans ces derniers temps une forme attrayante à leurs élucubrations socialistes, se sont vus bien vite entourés de disciples convaincus, chantant les louanges du maître, et marchant la tête haute et le regard inspiré à la conquête d'un monde imaginaire.

Mais les maîtres en socialisme et leurs disciples auront beau faire, l'étude sérieuse des faits le prouve et le prouvera toujours : il n'y a aujourd'hui pas plus de transformations à opérer dans le monde économique que dans le monde moral ; et même, si l'on veut y regarder de bien près, on s'aperçoit bien vite, que sous certains rapports, les nouvelles sociétés représentent toujours, à peu près, la physionnomie des anciennes ; en ce sens, que ce sont les mêmes passions ou plutôt les mêmes mobiles qui font agir les individus.

D'un autre côté, l'étude attentive du passé le démontre : toutes les formes de constitutions économiques et sociales se sont produites, quand elles ont eu leur raison d'être ; et à ce point de vue encore, l'humanité a parcouru depuis longtemps, le cercle infranchissable dans lequel elle peut se mouvoir. Et si elle n'a pu y trouver la stabilité et le repos, c'est qu'elle se renouvelle sans cesse, et que les mêmes illusions et les mêmes passions se reproduisent avec les jeunes générations.

Maintenant, il est malheureusement vrai que dans le monde de l'utopie, il n'y a qu'à caresser certaines idées malsaines, pour s'emparer facilement de l'esprit des masses, envieuses et ignorantes, en général. Ainsi elles seront longtemps disposées à croire, par exemple, que l'on peut arriver à constituer une société dans laquelle seront plus ou moins nivelées les conditions sociales, dont l'inégalité forcée et tutélaire à la fois, a néanmoins quelque chose de choquant pour les esprits irréfléchis ; et tend, presque invinciblement, à éveiller dans l'âme humaine un sentiment d'envie assez difficile à surmonter. La grande richesse, surtout, a toujours fait naître l'esprit de convoitise. Et puis, on ne sait pas assez que cette richesse, c'est-à-dire l'épargne accumulée, est ce qu'il y a de plus utile à une société, et qu'elle ne peut se créer qu'en donnant satisfaction à certaines tendances inhérentes à la nature humaine. Aussi vouloir s'opposer à ces tendances, c'est en effet le moyen de ne plus avoir de riches ; mais ce sera toujours à la condition d'avoir beaucoup plus de pauvres.

Néanmoins, certains utopistes de nos jours, quoique ne pouvant s'appuyer que sur les illusions et les mauvaises passions, ne s'en croient pas moins sûrs d'arriver à faire triompher leurs idées ; car notre constitution politique actuelle les favorise en effet beaucoup, puisqu'elle doit forcément amener au pouvoir les représentants du plus grand nombre : c'est-à-dire des moins intelligents, et conséquemment des plus faciles à égarer.

Il devient évident, malgré tout, que les partisans les plus éclairées de ce que l'on peut appeler les doctrines socialistes, reconnaissant enfin le discrédit dans lequel sont tombées les panacées économiques et sociales proposées par leurs premiers maîtres, paraissent se rallier aujourd'hui à un seul principe économique, mais dont ils veulent l'ap-

plication la plus large : le partage des produits entre tou
les coopérants à l'entreprise. Et, pour prouver la facilit
de son application, ils présentent comme exemple pouvan
aisément se généraliser, quelques organisations industrielles, vivant plus ou moins sous le régime du partag
des bénéfices, telles que les *sociétés en participation*, o
les *sociétés coopératives de production*. Et ils préconisen
avec d'autant plus d'ardeur ces deux formes d'organisatior
industrielle, qu'au fond, ils espèrent qu'elles les condui-
ront indirectement à leur but, qui est la transformation de
l'ordre des choses existant au profit du plus grand nombre : c'est du moins ce qu'ils croient possible d'obtenir

Il faut dire aussi, pour être vrai, que les *sociétés er
participation*, et les *sociétés coopératives de production*
sont regardées, en effet, par quelques esprits sérieux e
bien intentionnés, comme pouvant devenir la principale
base d'un système économique.

Pour nous, cela prouve simplement, qu'en économie
politique et sociale surtout, pour peu qu'une chose nous
séduise, nous croyons volontiers à la facilité de sa généralisation. Il ne faut donc pas s'étonner de voir une grande
partie de ceux qui vivent au jour le jour, d'un travail purement matériel, et dans une situation précaire, parce qu'ils
manquent dans la plupart des cas d'ordre et d'esprit de
prévoyance, admettre volontiers, sur la foi des utopistes,
que l'organisation actuelle de la société laisse beaucoup
à désirer, et qu'elle doit subir, dans l'intérêt général, de
profondes modifications.

Ceci dit, et avant d'entrer plus avant dans cette étude,

1.

n'est peut-être pas inutile de jeter un coup d'œil sur
qu'on peut appeler le monde de l'utopie en matière d'é-
nomie politique et sociale, c'est-à-dire de passer en
vue ceux qui sont ou affectent d'être convaincus de la
cessité d'une transformation matérielle et morale de la
ciété.

Il y a d'abord les simples, les *jeunes*, ceux qui n'ont au-
ne expérience des choses de ce monde, et ce sont les plus
ombreux. Ceux-là, en présence des misères, quelquefois
méritées, qui affligent les yeux et le cœur, chez les peu-
es même les plus avancés en civilisation, sont entraînés à
cuser continuellement une constitution sociale, très-loin
réaliser leur idéal. Il y a ensuite, et le nombre en est
esque aussi grand, ceux qui souffrent par leur faute, et
ue leurs passions, leur manque d'énergie et de pré-
oyance, relèguent dans une position inférieure.

Quant à ces derniers, leur mobile c'est l'envie, ce sen-
ment si profondément enraciné dans les replis du cœur
umain. Enfin, il y a les ambitieux, les déclassés, qui
ns se rendre bien compte de ce qu'ils veulent, rêvent
resque instinctivement le bouleversement d'une société
ui ne leur fait pas une place assez large au soleil.

Maintenant, à la tête de cette armée assez considérable,
laquelle les mêmes visées donnent une force de cohésion
pparente, et qui a pu même tenir en échec, dans certains
oments, une société troublée, marchent quelques natures
rdentes, aventureuses, énergiques, auxquelles une orga-
isation sociale bien ordonnée ne peut convenir, puis-
u'elle n'accorde de supériorité qu'aux esprits calmes et

réfléchis. Or, ces hommes violents et passionnés so[nt]
naturellement disposés à tout risquer, pour donner satis[-]
faction à leur besoin d'agitation et de pouvoir.

Le rôle de chef dans l'armée du socialisme militant es[t]
à vrai dire, plus facile à remplir qu'on ne le pense ; car
après tout, il s'agit simplement de choisir le moment op[-]
portun de l'action et d'avoir beaucoup d'audace. Et puis
dans les agitations politiques et sociales, les masses n[e]
choisissent pas ; il faut tout bonnement savoir s'im[-]
poser.

Quant aux simples théoriciens, à ceux qui ne quitten[t]
pas la région sereine de l'utopie, ils n'ont vraiment besoi[n]
ni de pénétration ni d'expérience ; il leur suffit sim[-]
plement de caresser les illusions et les mauvaises pas[-]
sions pour arriver à cette popularité qui leur permet, [à]
un moment donné, d'avoir leur jour de triomphe.

On a, en effet, toujours beaucoup d'adeptes pour pe[u]
qu'on puisse fournir des arguments à certaines aspira[-]
tions malsaines, que l'envie fait naturellement éclore dan[s]
le cœur humain ; surtout quand on sait appliquer avec une
certaine emphase, une logique absolue et inflexible aux
choses de ce monde, où cependant tout est relatif, et n[e]
peut durer qu'autant qu'on a fait la part de l'infirmité
humaine.

Mais ce qui est bien positif, pour tout homme qui veu[t]
réfléchir, c'est que ceux qui provoquent ou dirigent les
mouvements révolutionnaires ou socialistes, ne pourron[t]
[j]amais rien fonder de durable, quels que soient leurs succès
momentanés ; car l'armée qui les suit ne sera jamais que

l'armée du mal et celle des illusionnés. Elle peut sans doute beaucoup, dans certains moments, quand il s'agit de détruire, mais elle est incapable de rien édifier : l'histoire le prouve surabondamment.

Ce qui fait surtout la force et l'audace de cette armée, c'est la profonde ignorance de ceux qui la composent, au sujet de ce qui constitue le mouvement économique des sociétés : l'appréciation des besoins moraux et matériels qui les fondent, et sans lesquels elles n'auraient pas de raison d'être. Ils paraissent ignorer complétement, que les communautés ne se sont constituées, en définitive, que pour donner satisfaction aux tendances impérieuses du cœur humain ; et on peut même dire que ce sont ces tendances qui ont présidé à leur formation. Aussi la force de cohésion des sociétés est d'autant plus grande, qu'elles les satisfont plus complétement.

Nous voulons désigner ici, tout naturellement, l'amour de la famille et le désir de posséder, qui se lie au premier sentiment par des attaches si fortes et si multipliées.

L'amour de la famille devait être impérieux, car c'est lui qui fait, en grande partie, que l'espèce se perpétue ; et c'est le désir de posséder qui engendre l'activité productrice, développe l'esprit d'entreprise, et devient le créateur de cette richesse sociale, laquelle est à la fois, quoi qu'on en dise, l'effet et la cause du mouvement civilisateur.

Ainsi, par exemple, l'homme obligé d'attendre les moyens d'existence de la chasse et de la cueillette, doit rester fatalement dans l'état sauvage, et sa race sera toujours forcément clair-semée sur le sol qu'il habite. Aussi, la satisfaction complète des tendances dont il est question, et qui sont, on pourait dire, d'ordre divin, a toujours été le but des différents régimes sous lesquels ont vécu les sociétés qui méritent ce nom. Seulement, dans les anciennes constitutions sociales, la création de la richesse ne profitait pas généralement au plus grand nombre ; ses possesseurs n'ayant pas toujours les moyens sûrs et faciles de la faire fructifier. Mais dans nos sociétés modernes, dans celles surtout qui sont très-avancées en civilisation, la richesse profite à tous, puisque c'est par elle que le travail devient moins pénible, ses fruits plus abondants, plus variés, et l'esprit d'entreprise plus fécond. C'est ce qui peut rassurer sur l'avenir économique des peuples civilisés. Il est, en effet, aisé de démontrer, que tout le monde est intéressé au développement et au respect de cette richesse, qui ne peut, en définitive, se constituer que par le travail et la prévoyance, et ne s'accumule qu'autant qu'elle est protégée.

Il devient donc bien évident, quelque soit le point de vue auquel on se place, que vouloir organiser une société en dehors de la constitution de la famille, du respect de la propriété, c'est méconnaître les conditions morales et matérielles dans lesquelles doit se mouvoir éternellement l'activité humaine.

On est même en droit de supposer, que si la puissance créatrice a voulu que chez l'homme ces deux tendances aient toutes leurs conséquences, c'est afin que son espèce puisse acquérir la souveraine puissance sur la planète qu'elle habite, et arrive, par le progrès social, à un état moral qui lui permette d'avoir un jour conscience de son Créateur, ainsi que de sa mission.

Dans tous les cas, on peut toujours affirmer que la nécessité absolue de respecter la famille, la propriété, a fait naître les lois morales qui étaient en germe dans les replis de la conscience humaine. Il est donc rationnel d'admettre que ces lois, en quelque sorte primordiales, serviront toujours de base à toutes les constitutions sociales dignes d'être citées.

Il est peut-être maintenant intéressant d'ajouter que les tendances en question peuvent trouver leur légitime satisfaction sous tous les régimes politiques, aussi bien sous celui des petites cantons de la Suisse, que sous le despotisme hiérarchique de l'extrême Orient. Car, en fin de compte, toutes les sociétés, pour peu qu'on étudie ce qui fait leur raison d'être, doivent arriver par la force des choses à s'appuyer sur les mêmes principes. Et ce sont en réalité ces principes que, de nos jours, les esprits impatients et démoliseurs attaquent avec le plus de furie.

Ainsi, les uns voudraient substituer une abstraction, *l'Etat*, au père de famille; comme si ce n'était pas pour mieux protéger leurs droits, et garantir leur sécurité, que les pères de famille ont constitué *l'Etat*. D'autres s'appuient sur des sophismes plus ou moins spécieux, pour battre en brèche le principe même de la propriété. Il n'y a pas longtemps encore, en effet, qu'un esprit éminemment paradoxal, mais servi par une certaine habileté d'exposition, a soutenu, au grand étonnement de tous, cette thèse : **La propriété c'est le vol!** Or, cet esprit orgueilleux et inquiet, qui a cherché toute sa vie à saper les fondements d'une organisation sociale à laquelle il devait beaucoup cependant, s'imaginait, sans doute dans sa superbe, qu'il était appelé, à aider, par la puissance de sa logique, au renversement de cet édifice qui abrite depuis tant de siècles de nombreuses générations d'êtres humains. Mais comme tous ceux qui, sous l'influence de ce qu'on pourrait appeler les hallucinations de l'orgueil et de la théorie, ne veulent jamais étudier sérieusement les faits, ni tenir compte des nécessités humaines, il s'est usé en tours de force de dialectique, pour défendre des propositions dont il n'est déjà plus question aujourd'hui.

Pauvres natures, au fond, que celles qui s'aveuglent au point de ne pas comprendre que la logique la plus séduisante, quand elle méconnaît le côté réel et pratique des choses, n'aura jamais aucune portée, et qu'il est puéril surtout de chercher à étouffer dans le cœur de l'homme les tendances invincibles qu'une puissance inconnue y fait naître de génération en génération. Aussi, que reste-t-il de tous les vains efforts tentés par certains maîtres en socialisme, si ce n'est la triste gloire d'avoir détourné plus ou moins de la voie du vrai et du bien quelques imaginations déréglées, et de leur avoir fait méconnaître, sous le mirage du paradoxe, des vérités qui sont pour ainsi dire d'ordre divin.

Et cependant, si ces hommes orgueilleux à l'excès pour la plupart, avaient voulu sonder leur for intérieur, se mettre, en un mot, bien en règle avec leur conscience, ils se seraient aperçu bien vite que leurs actes sociaux étaient toujours dictés, en réalité, par ces mêmes tendances qu'ils voulaient anéantir chez les autres.

Oui, on aura beau faire, il faudra toujours en arriver à conclure que les formes politiques et économiques qui régissent les sociétés ne sont que la représentation des besoins matériels et moraux des individus qui les composent. Il s'agit donc simplement, pour détruire toute la valeur des doctrines socialistes, de prouver que notre organisation sociale actuelle, c'est-à-dire, à bien peu de chose près, celle des peuples les plus avancés en civilisation, donne aux besoins matériels et moraux du plus grand nombre toute la satisfaction possible ; et de plus, qu'elle se prête merveilleusement à la libre expansion de tous les modes d'activité que les exigences humaines comportent.

Qui peut, en effet, venir prouver aujourd'hui, qu'en dehors de ce qu'il faut accorder à l'infirmité morale de l'homme, il n'en est pas ainsi ? Qu'il y a encore chez nous, par exemple, des priviléges non motivés, en faveur de quelques-uns ? Que la liberté du travail, l'égalité devant la loi écrite, ne règnent pas aussi complétement que possible ? Et enfin, que chacun ne peut pas donner le plus grand essor à son activité morale et matérielle, s'il veut se soumettre, bien entendu, aux conventions reconnues nécessaires pour le maintien de ce qu'on peut appeler la sécurité de tous ? Peut-on nier de bonne foi, par exemple, que la constitution économique de notre société ne se prête merveilleusement, et par des combinaisons infinies, à fournir une sphère d'activité productive à tous les hommes de bonne volonté? Allons plus loin : y a-t-il un seul enfant, parmi ceux que l'on confie à la charité publique, s'il n'est réfractaire à la loi du travail, qui ne puisse se créer honorablement des moyens d'existence et élever une famille?

Maintenant, est-il possible de donner beaucoup plus de facilité au père et à la mère pour faire guider et instruire ceux qu'ils ont mis au monde? Et si tant de choses regrettables ont encore lieu, n'est-ce pas à notre insouciance et à notre mauvaise nature qu'il faut s'en prendre? On peut espérer encore mieux que ce qui est, me dira-t-on. C'est vrai, incontestablement; mais n'est-il pas évident pour tout esprit sérieux et réfléchi que nous ne pouvons arriver à ce mieux, qu'autant que notre société se trouvera dans une situation de plus en plus prospère; qu'elle aura plus d'épargne accumulée, en un mot. Et pour cela, que lui faut-il avant tout? L'ordre moral et matériel, la confiance: c'est-à-dire la paix sociale et un lendemain assuré.

ÉTUDE DES FAITS

En commençant cette partie de notre travail, allons tout
de suite au devant d'une objection qui peut paraître sérieuse, si l'on s'en tient aux apparences. On a dit souvent :
La disposition à croire que l'état des choses existant com-
porte de graves modifications, au point de vue économique
et social, ne doit-t-elle pas avoir sa raison d'être ? Cette
agitation sourde, qui semble par certains moments gagner
de proche en proche les couches les plus nombreuses de la
société, n'indique-t-elle pas qu'il y a des aspirations légitimes méconnues ? En un mot, ce travail souterrain per-
sistant qui se produit principalement dans certaines parties
du monde économique, ne peut-il pas faire supposer qu'un
objectif inconnu échappe encore à tous les regards ?

A tout cela, nous ne craignons pas de répondre par la
négative ; car pour tout observateur vraiment attentif, ces

plaintes, ces agitations sont tout simplement le fait d'une constitution économique assez compliquée, dans laquelle des intérêts opposés sont continuellement en lutte, et n'ont pu encore se résigner à s'entendre pacifiquement. Ou bien, elles représentent, dans certains cas, ces aspirations vagues et irréalisables, qui doivent naître presque naturellement dans l'esprit des populations industrielles agglomérées ; soumises, jusqu'à présent, aux lois économiques de l'offre et de la demande; vivant assez péniblement quelquefois d'un salaire quotidien , et manquant le plus souvent d'ordre et d'esprit de prévoyance.

Elles se manifesteront toujours plus ou moins, du reste, là où l'excessive misère, provenant presque constamment de l'imprévoyance et du vice, mais quelquefois aussi des crises agricoles, manufacturières ou commerciales, peut être opposée au luxe inséparable de la grande richesse ; là, où conséquemment tout surexcite fortement ce sentiment instinctif qui couve sans cesse, nous l'avons déjà dit, au fond du cœur humain : l'envie !

Et la preuve que les agitations de ce qu'on a appelé la classe des salariés, n'ont en réalité aucun objectif sérieux, au point de vue d'une transformation dans l'organisation du travail, c'est qu'elles se produisent déjà, depuis un certain nombre d'années, chez le peuple le plus libre, le plus avancé sous le rapport industriel et commercial ; et que, jusqu'à présent, ell.s n'ont amené aucune modification réelle dans sa constitution économique et sociale, malgré certaines luttes passionnées et persévérantes.

Ainsi, tous les agissements des trade's unions en Angleterre n'ont servi en fin de compte qu'à perpétuer l'esprit d'antagonisme entre ceux qui dirigent les ateliers de travail et ceux qui y trouvent leurs moyens d'existence. Et c'est seulement depuis peu, que, fatigués d'un état de choses qui n'a fait jusqu'à présent qu'amonceler des ruines, les deux partis paraissent avoir enfin trouvé le moyen de résoudre pacifiquement les questions brûlantes qui n'ont cessé de les diviser.

C'est ici le moment de nous étendre un peu sur ces fameuses sociétés anglaises, dont l'organisation redoutable a fait croire longtemps à bien des esprits distingués, que le terrain économique était en quelque sorte miné chez nos voisins d'outre-Manche, et qu'un cataclysme social était à redouter.

On sait, en effet, que depuis longtemps, la plus grande partie de la classe ouvrière, en Angleterre, s'est groupée sous la direction de chefs actifs, audacieux, non-seulement dans le but de lutter contre les exigences des chefs d'industrie, mais pour arriver par tous les moyens possibles à modifier avantageusement sa condition matérielle et morale. Or, comme on ne peut refuser à la race anglo-saxonne un grand sens pratique ; que chez les Anglais rien ne s'oppose à l'expansion et à la réalisation de toutes les combinaisons économiques possibles, et que de plus, cette agitation des travailleurs salariés est permanente depuis plus d'un demi-siècle, on doit admettre volontiers que, si elle n'a amené aucune modification importante, dans le mode d'activité industrielle, agricole ou commerciale de nos plus habiles rivaux, c'est qu'elle

n'a pas d'objectif inconnu. En un mot, c'est que che
l'un des peuples les plus avancés en civilisation, et do
l'organisation industrielle et commerciale a reçu le plu
grand développement, il n'y a vraiment rien à modifier a
point de vue de sa situation économique.

Cette question, du reste, mérite d'être étudiée avec soin
Aussi croyons-nous rester dans le cadre que nous nou
sommes tracé, en nous étendant un peu longuement sur le
causes et la marche de l'agitation ouvrière en Angleterre
sur les aspirations qu'elle représente en réalité, et sur le
conséquences qui doivent s'ensuivre. Il nous paraît surtou
instructif de mettre en regard de ce qui s'est passé che
nos voisins, ce qui se passe actuellement chez nous.

On le sait, ce fut vers le commencement de ce siècle,
que les premières trade's unions se constituèrent dans certains districts manufacturiers de la Grande-Bretagne
leur but apparent était de prévenir les conséquences du
chômage et de la maladie ; mais, en réalité, pour les
esprits clairvoyants, elles avaient évidemment une autre
visée ; aussi essayèrent-elles bientôt de lutter contre la
pression exercée sur le salaire, par ceux qui dirigeaient
les ateliers de travail.

Il faut dire qu'au début, la création de ces sociétés avait
une raison d'être ; car elles se sont surtout fortement
organisées au moment où la condition matérielle d'une
partie des ouvriers anglais semblait momentanément
menacée, par suite de l'introduction dans l'industrie, de
ces ingénieuses machines venant remplacer dans beaucoup
de cas le travail de l'homme. Les trade's unions auraient

onc pu conquérir d'abord bien des sympathies, si elles
'avaient commencé par employer, pour défendre une
¹use assez juste, au fond, des armes que réprouvent à la
'is la morale, la logique, et même le bon sens le plus
ulgaire.

Il n'en est pas moins vrai que ces formidables sociétés
e sont constituées principalement en vue de résister à cette
ression que tendent à exercer, dans la plupart des cas,
on pas ce qu'on appelle le capital, mais plutôt les exi-
ences industrielles sur le salarié. Et, en définitive, après
n demi siècle d'efforts et de luttes, malgré les excitations
e tous les genres, elles ne paraissent pas encore pour-
uivre d'autrebut que celui de faire augmenter les salaires,
u, dans certains cas, d'arriver à une diminution des
eures de travail, ce qui revient à peu près au même.

A ce propos, il n'est peut-être pas inutile de signaler
ci, en passant, cette erreur économique qui consiste à
roire que le capital tend toujours à exercer une pression
ur la main-d'œuvre. Il ressort au contraire clairement de
'étude des faits, que plus il y a de capitaux dans un
pays, et plus cette main-d'œuvre est élevée. C'est le capital,
en effet, qui permet à l'esprit d'entreprise de se développer, et, conséquemment, est la cause directe d'une
rémunération de plus en plus convenable du travail ma-
nuel, lequel se trouve de plus en plus recherché. Ce
qui exerce vraiment une influence fâcheuse sur le salaire,
ce sont les crises industrielles et la concurrence que se
font tout naturellement les salariés quand la production se
ralentit. Mais ces choses sont presque inévitables ; aucun

régime économique ne pourra entièrement les conjur[
Cependant il est certain que de meilleurs rapports ent[
les ouvriers et les patrons pourront en atténuer beauco[
les suites regrettables.

Nous savons, du reste, aujourd'hui, déjà, comment [
peut prévenir les funestes conséquences des conflits q[
peuvent s'élever entre les salariés et les directeurs d'e[
treprises ; rien n'est plus simple, au moyen d'institutio[
de date assez récente, et dont la généralisation peut seu[
ramener l'harmonie dans les ateliers de travail. No[
reviendrons forcément plus loin sur ce sujet.

Donnons maintenant, pour continuer cette étude sur l[
associations ouvrières, un aperçu de leur importance da[
le pays où elles se sont primitivement constituées.

Les hommes qui les ont étudiées avec le plus grand so[
prétendent qu'à l'heure qu'il est, les trade's unions comp[
tent plus de huit cent mille adhérents, et que leur budge[
au point de vue des recettes, est de 25 millions de franc[
environ. Eh bien, malgré une organisation hiérarchiqu[
très-ingénieuse, et des moyens d'action formidables, servi[
en général, par un grand esprit de discipline, il n'est pa[
prouvé le moins du monde que ces puissantes associa[
tions aient contribué d'une manière efficace à la hauss[
générale des salaires. Mais, dans tous les cas, et nous in[
sistons sur ce point, ce qu'il y a de certain, c'est qu[
malgré les ruines qu'elles ont pu accumuler dans cer[
tains centres manufacturiers, elles n'ont jamais cherch[
à faire concurrence aux chefs d'industrie.

Pour nous, la véritable raison de ce fait, c'est que le[

gitations des trade's unions, si grandes à la surface, sont
oujours dirigées, au fond, par ce bon sens pratique qui est
apanage de la race anglo-saxonne. Ainsi les chefs de ces
uissantes sociétés sont très-bien compris, depuis long-
emps, qu'il ne suffit pas seulement d'une réunion d'ouvriers,
ouvant disposer d'un certain capital, pour créer et faire
ructifier une entreprise industrielle, mais qu'il faut avant
out la connaissance approfondie de cette industrie, une
ensée active et prévoyante, maîtresse de ces agissements,
t surtout un grand esprit d'ordre ; et ils savent probable-
nent très-bien aussi, que celui qui possède toutes ces qualités
'est pas disposé à partager avec d'autres le fruit de ses
fforts; à moins que ce ne soit avec ceux qui peuvent l'aider
rès-efficacement dans la réussite de son entreprise.

Ce qu'ont pu faire quelquefois avec une apparence de
uccès les trade's unions, c'est d'engager sur les questions
le salaire des luttes formidables avec les chefs d'indus-
rie ; mais dans la plupart des cas, elles ne sont pas arri-
vées à un résultat bien appréciable, et elles ont gaspillé
n peu de temps une partie de leurs ressources. Ensuite
elles ont amené, et amèneraient de plus en plus leurs
adversaires à se servir des mêmes armes qu'elles : c'est-
à-dire à fermer tous les ateliers de travail d'une industrie,
quand un de ses représentants est sous le coup d'une
grève. Et comme l'a dit, avec raison, un personnage qui a
étudié avec beaucoup de soin les associations ouvrières
anglaises : Cela ressemble le plus souvent au duel japo-
nais ; les deux adversaires s'ouvrent le ventre.

Cependant ces puissantes sociétés ont à leur tête des

hommes qui font preuve tous les jours d'une asse
grande intelligence, et dont le pouvoir est soutenu, nou
l'avons déjà dit, par un esprit de discipline remarquable
Tout les favoriserait donc s'ils songeaient à provoquer de
transformations économiques; à constituer, par exemple
dans chaque industrie, un capital suffisant pour créer de
grands établissements, et faire une concurrence sérieuse
à ceux contre lesquels ils cherchent à grouper toutes les
forces actives du prolétariat.

Mais, encore une fois, ceux qui dirigent ces associations
redoutables ont probablement compris que cela n'étai
pas possible; qu'il fallait autre chose que les moyens d'action
tion dont elles pouvaient disposer pour conquérir le terrain industriel. Aussi, tout prouve que le programme
même des plus illusionnés se réduit simplement à ceci :
arriver, par l'élévation du salaire et la diminution des
heures de travail, à enlever progressivement aux chefs
d'entreprise la plus grande partie de leurs bénéfices, tout
en élargissant le cercle d'activité morale du salarié. Peut-
être y a-t-il cependant parmi eux des esprits aventureux
qui vont encore plus loin, et s'imaginent que, dans un
temps peu éloigné, l'industriel et le commerçant ne seront
plus, en quelque sorte, que des instruments utilisés par
les masses ouvrières et à leur profit; en un mot, que pour
prix de certains efforts d'intelligence et des risques cou-
rus par leurs capitaux, ils ne seront pas beaucoup plus
rétribués que ceux qu'ils emploieront. Mais cela ne peut
être évidemment que le rêve d'organisations à la fois
enfantines et envieuses; rêve dont la réalisation ne pour-

rait conduire, en définitive, qu'à une sorte de communisme contre nature.

Ce qui paraît le plus supposable, c'est que la grande généralité des ouvriers unionistes ne pensent qu'à une chose, qui est le seul côté positif de la question : être rétribués le plus possible, en travaillant le moins possible. Car l'instinct des masses, il faut en convenir, a toujours, quant au but à atteindre, une clairvoyance au moins égale à celle des individualités les mieux douées.

Enfin, ce qu'on peut constater de plus réel, c'est qu'après avoir longtemps gaspillé, dans des grèves inintelligentes le temps et l'argent de leurs adhérents; après avoir même poussé les choses au point de provoquer la sévérité des lois les plus tolérantes du monde, en employant, pour atteindre leur but, des moyens d'action réprouvés par tous les codes, les trade's unions n'ont pu amener que sur quelques points, et dans un petit nombre d'industries seulement, une certaine élévation du salaire; élévation qui, en définitive, sera toujours accompagnée. naturellement, d'un renchérissement de produits dont l'ouvrier subira lui-même les conséquences. Ainsi, il a été établi par des hommes compétents, que si dans certaines localités, les corporations des ouvriers briquetiers et autres corps d'état appartenant au bâtiment, sont parvenus à faire augmenter par leurs exigences de 35 °/₀ les frais de construction d'une maison, l'ouvrier lui-même a été obligé de payer son loyer 35 °/₀ plus cher. Or, en supposant un renchérissement semblable sur tous les produits, amené par les mêmes causes, la classe ouvrière, en définitive,

n'aurait évidemment rien gagné au nouvel état
choses.

Dans tous les cas, et pour rentrer dans notre thèse,
craignons pas de répéter, que la plus grande partie d
chefs des trade's unions ne paraissent avoir eu que de
visées : l'augmentation des salaires et la diminution d
heures de travail ; et c'est pour les réaliser, qu'ils ont o
ganisé ces grèves prolongées, la seule arme puissan
dont ils peuvent légalement se servir. Ils espèrent sa
doute, non sans une apparence de logique, qu'avec moins
travail et une rémunération supérieure, la condition mat
rielle et morale du salarié s'élèvera ; et que, par contr
celle du directeur d'entreprise sera de moins en moi
enviable. Car il ne faut jamais oublier, qu'au fond de to
tes les revendications humaines, il y a toujours plus d'e
vie que de véritable esprit de justice.

Quoi qu'il en soit, on peut facilement constater, en étu
diant de près les faits, qu'une direction sage et réfléchie
toujours manqué à ces grandes associations, jalouses mêm
du pouvoir qu'elles sont obligées d'accorder ; il est mêm
supposable qu'elles ne sauront jamais se confier à une v
lonté calme et prudente. Il ressort, en effet, de l'étude at
tentive des agissements des trade's unions, que les chefs
pour sauvegarder leur position, sont trop souvent obligé
de donner satisfaction aux entraînements passionnés de l
masse. Mais ce qui reste positif, en définitive, et c'est l
le point important pour nous, c'est que ces vastes associa
tions, malgré l'étendue de leurs ressources, ne paraissen
pas avoir songé un instant à faire concurrence aux chef

ndustrie, en cherchant à créer des ateliers de travail.
ur nous, c'est le point important.

Cela tient probablement à ce qu'en Angleterre, comme
us l'avons déjà dit sous une autre forme, le bon sens est
côté moral dominant, et que les hommes qui représen-
it les trade's unions ont depuis longtemps reconnu qu'il
serait pas avantageux à la cause du prolétariat de cher-
er à s'emparer du terrain de la production. Ce qui
ut dire, en réalité, qu'au fond ils ont compris que pour
ussir, le producteur doit être doué de qualités rares et
éciales ; qu'il est nécessaire que son initiative soit en-
re ; qu'il ne soit soumis, en un mot, à aucun contrôle
nant. Ils sentent sans doute instinctivement aussi, qu'un
recteur d'entreprise ne peut, dans l'immense généralité
s cas, déployer toutes ses facultés, avoir beaucoup
ordre et de prévoyance, que s'il travaille pour lui et
ur les siens ; et qu'il lui faut surtout le pouvoir de di-
ger et de surveiller ceux qu'il emploie. En effet, quoi
l'en disent les utopistes et les envieux, l'infirmité humaine
ra toujours là, pour frapper de stérilité les meilleures
mbinaisons industrielles, commerciales, ou les meil-
ures exploitations agricoles, qui ne s'appuieront que sur
sentiment du devoir, ou la bonne volonté des parti-
pants.

Aussi, pour les hommes un peu clairvoyants, ces puis-
intes associations anglaises peuvent tout au plus arriver,
ême en disposant d'une grande partie des forces du prolé-
iriat, selon l'expression consacrée, à tenir momentanément
n échec les directeurs des ateliers de travail, et à obte-

nir sur quelques points une augmentation de salai
laquelle encore ne peut être maintenue qu'autant q
l'industrie de ceux qui la subissent est en voie de prosi
rité croisante.

Quant à leurs caisses de secours mutuels ou de
traite, à cette espèce d'assurance contre la maladie,
chômage ou les conséquences de la vieillesse, elles
évidemment leur raison d'être ; mais dans tout ce qui s'
passé, et se passe encore aujourd'hui, on les voit relégu
au second plan.

Voyons, maintenant, au sujet des agitations de
classe ouvrière et de ses aspirations, ce qui a lieu cl
nous.

Il paraît bien évident que l'expression la plus sais
sante de ces manifestations, à bon droit qualifiées de soc
listes, c'est la constitution à Paris, de l'*Association i
ternationale des travailleurs*, qui s'est fait connaître i
le retentissement qu'ont eu certains congrès organisés
Suisse et en Belgique, et où ont été émises tant de dc
trines étranges. Mais le but de cette association par
être bien différent de celui des trade's unions.

Ces dernières, en effet, ne laissent percer aucunes vis
politiques ou socialistes, dans l'acception que l'on est cc
venu de donner à ce dernier mot. L'*Internationale*, au c
traire, a une doctrine, un plan de constitution socia
aussi parle-t-elle un langage mystique, et ses aspiratic
sont-elles en dehors du monde réel. Comme preuve à l'a
pui de ce que nous venons de dire, nous devons ci
quelques phrases du manifeste publié par la sect

arisienne de cette société. Ainsi il y est dit : « *Tous les ouvriers de Paris tendent de plus en plus à former une vaste fédération de travailleurs, organisée hiérarchiquement, et ayant à sa tête un véritable ministère responsable, chargé de résister au capital* (encore un gros mot mal appliqué) *et de lui faire concurrence.*

« *Bien convaincus que le droit c'est la force* (nous retournons décidément à l'âge de pierre), *les travailleurs posent sans bruit les assises de fondation du nouvel édifice social, créé exclusivement pour eux et par eux.* »

Et plus loin, les auteurs du manifeste ajoutent : « *que lorsqu'ils auront reformé leur capital* (ce qui impliquerait que le premier a été gaspillé en pure perte), *on verra recommencer une lutte dont toutes les grèves précédentes ne peuvent donner une idée : la lutte du nombre organisé et discipliné, contre l'oligarchie financière, qui a succédé à la vieille féodalité du moyen âge, etc., etc.* »

Ce programme passablement prétentieux, on le voit, prouve évidemment que l'*Internationale*, représentée par sa section la plus intelligente, fait des rêves de palingénésie sociale, et vise à satisfaire les aspirations les plus vagues et les moins raisonnées.

C'est ici le cas de se demander ce qu'il y a vraiment au fond de toutes ces promesses sybillines ; y découvre-t-on une idée nouvelle, une apparence d'organisation économique pouvant avoir un côté pratique ? Est-ce l'association que vous avez en vue ? Associez-vous ! Ce n'est pas là le difficile ; rien ne vous empêche de le faire ! Mais le difficile, c'est d'organiser et de faire marcher toutes les forces individuelles d'une association avec ensemble; et surtout d'arriver à un résultat productif. Vous croyez pouvoir supprimer le salariat, parce que l'esclavage et le servage ont été supprimés chez les peuples civilisés ; mais quel rapport y a-t-il entre l'esclavage ou le servage, et le salariat ? Vous ne voyez donc pas, au contraire, que c'est le salariat, libre et consenti, qui a détruit en partie et doit détruire entièrement, sous toutes ses formes, le servage, par exemple, et qu'il est en définitive la dernière expression de la liberté humaine dans le domaine économique, comme le suffrage universel, si imprudemment appliqué de nos jours, est la dernière expression de la liberté politique ?

Qu'est-ce que le salariat, en réalité? Ne représente-t-il pas la libre disposition des forces et de l'intelligence mise au service d'une entreprise fructueuse pour tous; et au fond, un contrat librement accepté par les deux parties, sans terme déterminé, et qui peut conséquemment s'annuler lorsqu'il devient désavantageux à l'une d'elles? N'est-ce pas, enfin, au point de vue économique, comme nous venons de le dire, la liberté complète pour chacun? Pouvez-vous aller au delà, à moins de vouloir tout réglementer?

Oui, le salariat, quoi que vous fassiez, sera toujours, plus ou moins, la condition du plus grand nombre dans les sociétés agglomérées ; et ce sont les exigences même des choses humaines qui le veulent ainsi.

Après tout, si l'on veut étudier la question de près, est-ce que les représentants de l'Etat, de la société, en un mot ne sont pas des salariés ? Est-ce que le défenseur même de la loi, qu'il porte un sabre ou une toge, n'est pas un salarié? Et, à moins de supposer que chacun puisse avoir son coin de terre, ou devenir entrepreneur d'industrie, sans employer d'autres bras que les siens, ou ceux de sa famille, n'aurez-vous pas toujours des salariés? En fin de compte, est-ce que l'homme qui n'est pas capable de faire fructifier des capitaux, ou de diriger l'emploi d'instruments plus ou moins perfectionnés de travail, peut avoir une autre condition dans un pays très-avancé en industrie et en agriculture? Tous pourraient cultiver un champ, peuvent nous dire certains utopistes ; à cela nous leur répondrons : Allez voir ceux qui en sont là ; et vous nous direz si l'ouvrier des villes, par exemple, celui qui se plaint le plus cependant, n'est pas beaucoup plus heureux, mieux nourri, mieux vêtu, mieux couché ; n'a pas moins de mal que les pauvres cultivateurs, vivant du travail de leurs bras, sur la portion de terre qu'ils peuvent cultiver sans aides.

Oui, encore une fois, quoi qu'on puisse dire, le plus grand nombre, dans les centres de production industrielle surtout, sera toujours des salariés ; de même que tous ceux qui donneront des preuves d'activité et d'intelligence auront toujours un rôle plus lucratif que les autres ; et c'est justice! Du reste, lorsqu'on examine avec un peu de sagacité les choses de ce monde, on s'aperçoit facilement que les institutions politiques et sociales ne représentent, en général, que les besoins matériels et moraux des populations qu'elles régissent, et ne peuvent avoir, conséquemment, qu'une influence secondaire sur le mode d'action de l'activité humaine, en général. Dans tous les cas, elles ne sauraient vraiment en changer les mobiles, de nos jours surtout, que pour un temps bien limité, même en supposant l'emploi de la contrainte ; ce qui, on le comprend, révolterait bien vite la conscience publique.

Le salarié, pour en finir, c'est celui dont le travail a trop besoin d'être dirigé ou surveillé pour mériter une part dans les bénéfices de l'entreprise ; qui ne sait, par exemple, au point de vue agricole, que fouiller la terre ou récolter.

Il faut vraiment vivre dans un monde à part pour ne pas comprendre que nous ne sommes pas tous également laborieux et intelligents ; que nous ne pouvons pas tous prétendre à ce qu'on nous confie de la richesse, de l'épargne accumulée en un mot, sous une forme ou sous une autre, pour lui faire produire des richesses nouvelles. Et puis, qui ne sait, après tout, que l'homme, dans la généralité des cas, ne travaille avec suite que lorsqu'il y est forcé par d'impérieux besoins ; qu'enfin, ceux qui ont de l'ordre et de la prévoyance sont et seront probablement toujours en minorité ; et surtout, ne feront certains efforts de travail et d'intelligence qu'à leur profit, ou au profit de ceux qui leur sont chers ? On peut même ajouter, qu'en réalité, ce sont ces derniers qui, dans la plupart des cas, fournissent les moyens de travailler avec fruit à ceux qui ne sauraient les trouver seuls.

Tous les rêves de palingénésie sociale, tous les élans plus ou moins suspects de fraternité, ne changeront pas la nature humaine ; et il est incontestable, qu'en général, moins l'homme sent la nécessité de travailler, moins il travaille; et que, sans cette nécessité, et le droit qu'ont les plus intelligents et les plus prévoyants de jouir du produit de leurs efforts et de leurs épargnes, la richesse, si utile à tous, comme l'ont si bien établi tous les grands économistes, ne se développerait pas.

Allez, vous aurez beau faire revivre une Icarie, créer des phalanstères, des banques du peuple instituant la gratuité du crédit; vous aurez beau organiser des ateliers nationaux, proclamer l'an-archie dans ce monde social et politique, etc., etc.; tout cela pourra bien encore troubler quelques pauvres cervelles, enflammer quelques natures enthousiastes, mais les ressorts puissants qui font seuls mouvoir l'humanité, au point de vue économique et social, auront toujours bientôt fait justice de toutes vos chimères, quelle que soit la forme séduisante sous laquelle vous tentiez de les mettre en pratique. Cependant, il n'en est pas moins vrai que la société, ou plutôt les hommes qui la représentent et sont chargés de maintenir l'ordre matériel, de faire respecter la loi, ne peuvent, en bonne conscience, vous laisser organiser à votre aise l'armée des illusions et des mauvaises passions; et cela, pour arriver, dans un moment de surprise et par violence, à vous emparer du pouvoir; puis, sous le prétexte de réformer notre constitution sociale, établir un état de choses dont le premier effet serait, comme on l'a dit, de faire trembler les bons et de réjouir les méchants.

C'est maintenant, avant d'aller plus loin, le cas de passer en revue brièvement, et pour l'acquit de notre

conscience, quelques-unes de ces solutions économiqu
présentées par les socialistes les plus autorisés, po
éviter les prétendus abus du régime agricole, commerci
et industriel sous lequel vivent les peuples les plus avanc
en civilisation. Nous ne nous occuperons, bien entend
dans cette rapide analyse, que des thèses soutenues p
les théoriciens socialistes les plus connus, par ceux q
ont fait école , si l'on peut s'exprimer ainsi.

Commençons d'abord par cette doctrine : « *L'État do
être le grand distributeur de la richesse publique,
directeur du travail national, l'appréciateur des capacit
et du mérite de chacun.* » Est-il vraiment nécessaire
démontrer le côté impraticable de ce système, dans lequ
il faudrait que l'État fût toujours représenté par de
hommes incapables d'abuser de leur pouvoir, et joigna
à un très-grand discernement, un esprit de justice extrao
dinaire ? Et puis, non-seulement une pareille organisatio
économique aurait d'abord pour résultat d'entraver com
plètement la liberté humaine, mais elle ferait évidem
ment d'un pays un grand atelier de travail , entre le
mains et sous le contrôle de quelques-uns.

Maintenant, comme l'a dit quelque part et avec un
certaine sagacité, Proudhon, le créateur d'autres utopies
« *En donnant à l'État le rôle de Providence, on lui im*
« *pose un fardeau auquel il est nécessaire de donner de*
« *compensations, c'est-à-dire la réglementation, qui es*
« *l'opposé de la liberté. Le droit au travail, qui est l*
« *corollaire obligé du nouvel état de choses, amènerai*
« *la paresse, la fainéantise des classes ouvrières. Un*

4.

société semblable, emprisonnée dans un mécanisme contre nature, ressemblerait à des huîtres attachées côte à côte, sans mouvement ni sensibilité, sur le roc de la fraternité. »

Cette doctrine n'en mérite pas davantage ; passons.

D'autres, et Proudhon lui-même en tête, imbus de cette idée que le crédit est tout, lorsqu'il est bien facile de démontrer qu'il n'est rien, ou qu'il est même nuisible, quand il n'est pas au service de la capacité et de la prévoyance, d'autres, disons-nous, ont proposé, au moyen d'une banque organisée d'une certaine façon, de fournir des capitaux à tous ceux qui en auraient besoin ; à la condition seule d'offrir une garantie morale suffisante, ou un produit représentant le capital demandé.

Qui ne comprend l'absurdité d'une pareille institution ? Sur quelles garanties reposeraient les valeurs fiduciaires créées ? La moralité de l'individu ou le produit livré ? Quant à la première garantie, tous ceux qui ont prêté de l'argent savent à quoi s'en tenir ; et en admettant que la seconde soit suffisante, il devient alors évident que vous encouragez une production sans limite, c'est-à-dire non réglée par une consommation assurée ; ce qui amènerait infailliblement, avant peu, un chômage général, et à coup sûr fort grave dans ses conséquences.

On a ensuite osé proposer de supprimer l'intérêt de l'argent ; ce qui reviendrait à forcer le détenteur de la richesse ou de l'instrument de travail, à s'en dessaisir, et à courir des risques sans compensations. Une telle idée a-t-elle même besoin d'être discutée ? Mérite-t-elle l'honneur que lui a fait un économiste distingué (BASTIAT) en la réfutant?

Enfin, que reste-t-il, à vrai dire, aujourd'hui, et pour abréger, de tous ces projets de réformes sociales préconisés depuis trente ou quarante ans, par des esprits aventureux, qui se croyaient appelés à bouleverser de fond en comble notre constitution sociale et économique? Rien; on peut l'affirmer. Aussi les socialistes un peu expérimentés, reconnaissant tacitement, comme nous l'avons déjà dit, l'impuissance de tant de théories mensongères, ne prétendent-ils plus maintenant amener la transformation du régime économique actuel que par la généralisation de quelques modes d'organisation industrielle, qui donnent, dans certains cas, des résultats assez satisfaisants. Nous voulons désigner, ici, les sociétés en participation et les sociétés coopératives. Il faut dire aussi, que ce qui doit faire accorder une certaine valeur à ces deux genres de constitutions économiques, c'est que des hommes, d'un certain mérite, s'appuyant sur des faits superficiellement étudiés, selon nous, paraissent disposés aussi à admettre que ces sociétés sont destinées à se multiplier et à devenir, en quelque sorte, la base principale de notre mode d'activité agricole, industrielle et commerciale; ce que nous sommes bien loin d'admettre.

En effet, un examen très-attentif des faits, nous a démontré depuis longtemps que ces deux genres d'organisation économique ne pourront jamais exister qu'à l'état d'exception.

Quoi qu'il en soit, et comme il est bien démontré que

rien ne peut s'imposer en matière semblable, que la liberté d'action doit être la règle, il n'y a, dans tous les cas, qu'à laisser se développer tout naturellement les deux formes d'association en question ; ce qui aura toujours lieu, évidemment, là où elles auront leur raison d'être; c'est-à-dire, là où elle offriront des avantages aux parties intéressées à les fonder. Il ne peut donc y avoir à ce sujet de questions sociales à résoudre; il n'y a, en un mot, qu'à attendre; et cela est d'autant plus vrai, que les bases de ce genre d'association sont parfaitement connues, et offrent à leurs partisans des types variés et complets. Ainsi, le temps ou plutôt la pratique intelligente de ces modes d'activité agricole, industrielle ou commerciale, peut seule nous édifier sur l'avenir qui leur est réservé.

Quant à nous, après avoir étudié les choses de près, nous persistons à croire, comme nous venons de le dire, que les sociétés en participation dans les bénéfices, pas plus que les sociétés coopératives, n'existeront jamais qu'à l'état d'exception. Ainsi toutes nos observations nous prouvent que la participation dans les bénéfices, par exemple, ne peut être organisée; et cela dans une certaine mesure encore, que par de très-grandes entreprises, en pleine prospérité, ou par des chefs d'industrie très-habiles très-prévoyants, sûrs du résultat de leur exploitation, disposés à se soumettre à tous les contrôles, et capables d'établir chez eux une comptabilité irréprochable. Or, cette dernière condition surtout est beaucoup plus difficile à rencontrer qu'on ne le croit généralement.

Nous prétendons donc que les hommes ou les choses

dont nous venons de parler ne seront toujours que de bril-
lantes exceptions.

D'un autre côté, si l'on prend la moyenne des bénéfices
distribués dans les établissements qui vivent sous ce régime, on est tout étonné de voir que, si le salarié ne se
trouvait pas dans l'obligation d'abandonner à des caisses
de prévoyance instituées à son profit sa part ou la plus
grande partie de sa part de bénéfices ; si, en un mot,
cette part lui était simplement remise tous les six mois,
ou à chaque inventaire, sa situation matérielle ne serait
pas sensiblement modifiée. Aussi le bon côté de ces organisations économiques, leur côté vraiment utile, c'est que
la plus grande partie des bénéfices qui revient au salarié,
est forcément cumulée à son profit par la direction de l'entreprise. Ce qui revient à dire, que si l'on veut obtenir, en
matière de prévoyance, un résultat sérieux, il faut en quelque sorte forcer le salarié à épargner; et à cet effet, le
maintenir dans une espèce de tutelle. Mais il n'y a en
définitive que les ouvriers d'élite qui veulent bien se soumettre à un tel régime; on le comprend facilement, eux
seuls sont disposés à en reconnaître tous les avantages.
De plus, tout le monde sait que dans le commerce ou l'industrie, les maisons qui prospèrent, c'est-à-dire qui sont
gérées avec beaucoup d'ordre et d'intelligence, sont loin
d'être en majorité. Ensuite, si l'on étudie les faits avec
soin, il est facile de s'apercevoir, que la moyenne des
bénéfices faits dans l'industrie et le commerce, si l'on
déduit les intérêts du capital employé, lesquels représentent les risques qu'il court ou sa privation ; que cette

moyenne, disons-nous, est tout au plus suffisante pour atti-
er les capitaux, stimuler l'esprit d'entreprise et rémunérer
convenablement ceux qui sont capables de diriger les
ateliers de travail. Aussi leur demander le partage du peu
de bénéfices qu'ils font, en général, ne serait ni juste, ni
rationel ; ce serait alors affaiblir les vrais stimulants de l'activité humaine, c'est-à-dire du travail et de la production.

Passons, maintenant, aux sociétés dites coopératives,
qui représentent plus particulièrement que les autres les
aspirations de la classe ouvrière. Nous devons d'abord
faire remarquer que le régime légal actuel ne s'oppose
nullement, quoiqu'on l'ait prétendu, à leur création. La
meilleure preuve, c'est qu'il s'en est formé depuis quelques
années un certain nombre, dont plusieurs sont, *dit-on*, en
voie de prospérité. Ce qui ne nous empêche pas de per-
sister à croire que ce mode d'organisation économique
est encore beaucoup moins destiné que l'autre à prendre
un certain développement. Il faut, en effet, tout le monde
doit le comprendre, des conditions bien exceptionnelles
pour qu'une société coopérative prospère : en premier lieu,
et ce qui est le plus difficile à rencontrer, un directeur très-
intelligent et qui sache se faire obéir ; car, ici, la discipline est plus difficile à maintenir que partout ailleurs. Et,
on le sait, la discipline dans l'industrie comme dans les
armées, c'est la première condition du succès. Ce qui con-
firme cette nécessité de la discipline, c'est que dans le
peu de sociétés coopératives existantes, la sévérité des
règlements est telle, qu'il n'y a guère que les ouvriers
laborieux et rangés qui soient disposés à les accepter. Aussi,

comme le dit un homme très-pratique, qui paraît les avoir beaucoup étudiées (1) :

« *Malgré la sévérité des règlements, les soupçons, les* « *défiances, les invectives et surtout les violences ont été* « *souvent la récompense des gérants nommés à l'élec-* « *tion.* » Et il ajoute : « *Sur dix associations qui n'ont* « *pas réussi, les mauvais ouvriers en ont tué huit.* »

Comment donc alors supposer qu'un homme, et ils sont assez rares, qui se sent capable de créer et de mener à bien une entreprise, cherche à se faire nommer gérant d'une société coopérative ? Ne doit-il pas être tout naturellement beaucoup plus désireux d'entrer dans une affaire créée dans les conditions ordinaires ? car là, par sa capacité et son travail, il obtiendra bien vite une position avantageuse, qui lui permettra plus tard de trouver des capitaux pour fonder à son tour, et à son profit exclusif, un établissement.

Enfin, des événements récents n'ont-ils pas démontré préremptoirement le néant de certaines théories qui séduisent les masses à première vue, au moyen d'une logique spécieuse ? L'élection appliquée au régime militaire, par exemple, a-t-elle donné de bons résultats ? Qui oserait aujourd'hui affronter une troupe sérieusement organisée dans les conditions ordinaires, avec une autre troupe dont les cadres seraient le produit de l'élection ? Eh bien ! pour tous les hommes qui ont un peu l'expérience des

---

(1) L'auteur du livre intitulé : *le Sublime.*

choses de ce monde, il en est de même sur le terrain industriel ou commercial ; or, dans les sociétés coopératives c'est forcément l'élection qui doit constituer la hiérarchie.

On ne saurait trop le répéter : Dans leur application au monde moral surtout, il n'y a rien de plus trompeur et de plus dangereux que les théories.

En effet, si l'on néglige de tenir compte de l'infirmité humaine, des leçons du passé, n'est-il pas assez naturel de croire que dans une armée, par exemple, des chefs librement élus, doivent être plus capables, avoir plus d'autorité morale que ceux qui sont imposés par un pouvoir quelconque ? Et cependant, qui ne sait à quoi s'en tenir là-dessus. Hélas ! il en est de même de l'élection appliquée à la hiérarchie industrielle, et ainsi pour beaucoup d'autres choses. C'est pour cela qu'il ne peut rien y avoir de stable, dans un pays où les entraînements irréfléchis ne veulent tenir aucun compte de l'expérience et où les autorités les plus légitimes sont toujours discutées et méconnues.

Revenons-en aux sociétés coopératives, car elles résument aujourd'hui presque toutes les aspirations du socialisme intelligent ; d'autant plus que certains théoriciens sont disposés à croire qu'elles doivent fatalement amener une transformation économique radicale au profit du plus grand nombre.

Et cependant, si l'on veut aller au fond des choses, quel avantage réel peuvent-elles avoir ? L'ouvrier qui en fera partie travaillera-t-il avec plus de zèle et d'intelligence que s'il était simplement salarié? Dans ce cas, il est évident qu'en supposant une direction habile, le résultat doit être satisfaisant. Mais peut-on attendre ce zèle et cette intelligence de la généralité des ouvriers, même du plus grand nombre? Un nouveau mode d'organisation économique peut-il modifier les conditions morales dans lesquelles s'agite l'humanité ? Et si un certain nombre d'ouvriers seulement sont, capables de remplir les conditions nécessaires au succès de sociétés coopératives, ne seront-ils pas bientôt découragés en voyant leurs camarades en prendre à leur aise, comme on dit vulgairement. Ensuite, si nous en croyons les hommes qui paraissent avoir étudié le plus la classe ouvrière, comme l'auteur du *Sublime*, déjà cité, et dont les tendances démocratiques ne peuvent être suspectées, nous sommes forcés de conclure que les ouvriers, en grande partie, ne sont pas plus disposés à épargner qu'ils ne le sont à travailler d'une manière assidue ; et pour citer textuellement : « *que dans certains corps d'état, leurs détestables mœurs et leur ignorance volontaire en sont la cause.* » Quoi qu'il en soit, et sans aller aussi loin, nous n'en persistons pas moins dans cette affirmation : que l'ouvrier intelligent et actif trouve toujours une rémunération de son travail, supérieure à la moyenne de celle des ouvriers de sa spécialité; qu'il s'agisse du travail à la tâche ou à la journée. Pourquoi alors cet ouvrier entrerait-il dans une société coopérative, à moins d'être sûr qu'elle sera parfaitement administrée, et qu'il se trouvera entouré d'ouvriers de sa valeur? Or, d'après tout ce que nous venons de dire, ce cas ne sera-t-il pas toujours une exception ?

D'un autre côté, peut-on admettre que les sociétés coopératives puissent, dans la généralité des cas, encourager suffisamment le travail habile, assidu, le rétribuer convenablement ? Cela ne nous paraît pas possible en pratique ; une telle chose ferait naître des jalousies, des haines, etc. Aussi, en ajoutant à cela la difficulté de maintenir cette discipline, qui demande un maître sévère et autorisé ; cette unité d'action impossible à obtenir, sans que la pensée dirigeante soit indiscutable ; il est difficile d'admettre que les capitaux, si craintifs, en général, et avec raison, viennent se confier facilement au genre d'organisation économique dont il est question.

Quel est donc alors le seul moyen de constituer les sociétés coopératives ? L'épargne collective d'un certain nombre de salariés ? Mais pour que cela ait lieu, il faut admettre une grande unité de vues entre les futurs associés ; et aussi beaucoup de persévérance dans la mise à exécution de leurs projets ; ce qui n'est pas, on le sait, dans les choses ordinaires.

Il n'y a, en vérité que ceux qui prétendent, au moyen de certaines formules vagues, changer du jour au lendemain l'état moral de l'humanité, capables de trouver tout cela facile ; et ne comprennent pas, ou bien ne veulent pas comprendre que les hommes laborieux, prévoyants, et doués d'une certaine intelligence, sont et seront toujours probablement en bien petit nombre ; ensuite, que plus nous irons, plus l'exploitation fructueuse d'un commerce et d'une industrie sera difficile. Quel est l'homme ayant un peu d'expérience et de sagacité qui s'incrirait en faux à ce sujet.

Dans tous les cas, nous venons affirmer ceci : Quel que soit l'avenir des sociétés coopératives, on ne peut pas dire qu'il y ait là un problème économique à résoudre ; une organisation nouvelle à étudier. Il en est, selon nous, de la coopération comme de la participation : ces deux formes de sociétés peuvent avoir leur raison d'être dans quelques cas particuliers, mais, encore une fois, il ne nous paraît pas probable qu'elles puissent se généraliser. Du reste, rien ne s'oppose dans l'état de choses actuel à leur développement, si ce n'est qu'elles offrent de grandes difficutés dans la pratique.

On peut donc dire, en définitive, à propos de ces différents modes d'activité industrielle, commerciale ou même agricole, que si dans quelques cas déterminés, ils nous offrent des exemples très-intéressants à étudier, il n'est vraiment pas rationel d'admettre qu'ils représenteront un jour l'état général de la société, au point de vue de l'organisation du travail.

Tout cela tend à prouver, une fois de plus, qu'à tous les rêves fantastiques qu'enfante l'imagination des illusionnés, des utopistes, il n'y aura toujours qu'à opposer l'étude sérieuse des faits et des conditions morales dans lesquels se meut l'activité créatrice de l'homme. C'est alors qu'il devient évident, pour tous ceux qui ont un peu d'expérience et de bon sens, qu'il n'y a vraiment pas de raison pour chercher à modifier l'organisation économique des peuples les plus avancés en civilisation; et surtout qu'en matière semblable il ne faut rien imposer. Ensuite, que tout bien considéré, un régime de liberté protégeant les fruits du travail et de la prévoyance, est le plus fort stimulant des facultés humaines , le seul qui puisse provoquer chez l'individu des miracles d'énergie et de persévérance. Ce qu'il faut, surtout, en dernière analyse, c'est que l'homme ait la conscience qu'il travaille pour lui et pour les siens, et que le régime politique ou économique sous lequel il vit puisse donner satisfaction au désir légitime qu'il a de s'élever dans l'échelle sociale.

Et maintenant, si l'on veut aller au fond des choses, il ne faut pas craindre d'avouer que ce sont les sentiments, qu'on pourrait qualifier d'égoïstes, qui, en réalité, et quoi qu'on en dise, tournent dans notre admirable organisation économique au profit du plus grand nombre, puisqu'ils sont la cause directe de la création de la richesse, c'est-à-dire de l'épargne accumulée. Ce qui le prouve, avec la dernière évidence, c'est qu'en supposant par exemple, qu'il soit possible d'établir un ordre de choses enlevant au producteur son superflu, il devient positif qu'il ne se produirait plus que ce qu'on peut appeler le nécessaire, à moins de tenir chaque individu sous le coup d'une contrainte impossible à maintenir. Un tel régime, tout le monde le comprend, conduirait bien vite une société à la perte de son bien-être, et ferait perdre à une civilisation toute sa splendeur.

Ce n'est, en fin de compte, qu'avec de la richesse accumulée que l'on peut maintenir dans un pays l'ordre et la sécurité ; qu'on le sillonne de routes, de canaux, de voies de communication rapides ; avec elle seulement l'on peut construire ces grands navires qui parcourent si facilement les mers, transportent d'un bout de la terre à l'autre les produits des différents peuples et les mettent en communication constante. C'est encore la richesse qui permet de faire avec des enfants ignorants, des savants, des artistes, et donne à l'homme de génie le loisir de pénétrer de plus en plus les secrets du monde physique, au grand avantage des générations présentes et futures. On peut même encore ajouter que c'est évidemment la richesse qui est la cause directe de l'augmentation constante de la moyenne de la vie chez les peuples avancés en civilisation.

Après tout, dans une société vivant sous un régime plus ou moins communiste, chacun (nous voulons parler seulement, bien entendu, de ceux qui comprennent la nécessité du travail) serait obligé de cultiver lui-même son champ ou de faire un petit métier pour vivre ; chacun aussi serait sans doute dans l'obligation de veiller à tour de rôle la nuit, pour repousser les malfaiteurs ; à moins de supposer que, par le fait même de l'établissement de ce genre de régime, nous retournerions forcément à l'âge d'or.

Si un tel état de choses est le *desideratum* de certains esprits aveuglés ou envieux, il est évident que pour l'établir il faut renverser de fond en comble ce qui existe.

Maintenant, afin de compléter cette étude sur les organisations économiques nouvelles dont certains théoriciens attendent de si grands résultats, disons quelques mots sur les sociétés dites de consommations, qui commencent, dit-on. à se développer assez largement en Angleterre et en Allemagne.

Certes, on ne peut nier que ce genre de sociétés dont le système de création est des plus simples, ne soient appelées à rendre quelques services; on est même étonné, à première vue, que des sociétés de ce genre n'aient pas été fondées plus tôt et ne soient pas plus répandues. Mais, en y réfléchissant un peu, on comprend très-bien la difficulté pratique de leur propagation.

En premier lieu, il faut trouver des hommes assez intelligents pour organiser une maison de commerce dans des conditions convenables, capables, en un mot, d'acheter avantageusement une foule de produits, et de diriger une comptabilité qui doit être irréprochable. Et, il n'est guère supposable que ceux qui ont cette capacité veuillent se contenter de la situation que leurs coopérateurs peuvent leur faire. Maintenant, et c'est là le point difficile, pour jouir des avantages que ce genre d'organisation économique peut offrir, un certain esprit d'ordre et de prévoyance est nécessaire; car les sociétés de consommation ne peuvent vendre qu'au comptant, sous peine de perdre beaucoup. Il en sera donc de ces sociétés comme des caisses d'épargne ou de retraite : elles ne seront utiles qu'à ceux qui ont de l'ordre, de la prévoyance; et ce sera encore pour longtemps, si ce n'est pour toujours, le plus petit nombre.

Quoi qu'il en soit, il n'y a là encore, dans les sociétés

de consommation, qu'une idée très-simple, assez facile à réaliser, n'entraînant avec elle aucune modification dans l'économie générale de notre société. Et cependant, on le voit, les idées les plus pratiques en apparence, les meilleures choses du monde en réalité, sont obligées de lutter péniblement contre l'infirmité humaine; toute la rhétorique socialiste ne changera rien à cela.

Répandez davantage l'instruction, dira-t-on : parole de théoriciens qui veulent se payer de mots et n'étudient pas sur le vif ; ou paroles d'illusionnés, qui ont besoin de vivre dans une sphère idéale, et cherchent, le plus souvent, à nier les misères morales de l'humanité pour trouver plus facilement des adeptes. Non ! mille fois non ! l'instruction, surtout telle que vous la comprenez, ne changera pas grand'chose à l'état moral des populations; la meilleure preuve, c'est qu'il y a une foule d'hommes très-instruits qui sont des paresseux et des prodigues, et beaucoup d'ignorants chez lesquels l'esprit d'ordre et de prévoyance est poussé très-loin. Est-ce que nous ne voyons pas tous les jours, par exemple, une partie des ouvriers de certaines provinces, que l'on pourrait qualifier d'arriérées, venir passer une partie de l'année dans nos grands centres de population, pour y trouver un travail plus lucratif que celui qu'ils pourraient obtenir chez eux; et là, vivre pour ainsi dire de privations, afin de rapporter à leur famille un petit pécule bien laborieusement amassé ? On sait cependant que ces modestes travailleurs gagnent fort peu, en général, et sont exposés à ces tentations multipliées auxquelles succombe trop souvent l'ouvrier des grandes villes le plus intelligent, le plus instruit, et le mieux rétribué, mais qui ne sait pas résister aux entraînements de ce milieu, où les premiers donnent l'exemple des qualités les plus rares.

Non! encore une fois; savoir lire, écrire, compter; savoir même quelque peu d'histoire, de géographie, tout cela ne peut suffire, à beaucoup près, pour donner l'amour du travail, l'esprit d'ordre et de prévoyance; il faut autre chose : il faut l'exemple des parents, les affections de famille, le désir de posséder un jour son foyer, d'arriver à l'aisance, de bien élever ses enfants, etc, etc. Il est nécessaire aussi, en général, d'avoir vécu de peu, pour savoir ce que coûte la jouissance des moindres choses. Il ne suffit pas, en définitive, de savoir lire et écrire, comme il ne suffit pas d'entendre et de comprendre, pour s'imprégner, pour ainsi dire, des bons principes, et en suivre les inspirations. Il faut vivre, avant tout, dans le milieu où ces principes sont respectés. Celui qui sait lire, par exemple, mais qui ne lit que de mauvais livres, aura certainement moins de moralité, que celui qui sans être en état d'épeler un mot, aura écouté et respecté les conseils d'une mère prévoyante et dévouée, ou d'un père affectueux et expérimenté. On pourrait vraiment en dire bien long sur ce sujet sans l'épuiser.

Dans tous les cas, l'homme qui peut servir de modèle, et pour qui toutes les théories économiques n'ont pas grande signification, c'est ce producteur intelligent et laborieux, qui arrive à se procurer à force d'ordre et d'économie des instruments de travail perfectionnés, et sait habilement diriger le travail des autres. Celui-là devient le plus souvent un des grands créateurs de la richesse. Mais pour déployer toute son activité, toutes ses capacités, il faut, encore une fois, qu'il soit stimulé par le désir de posséder, et conséquemment sûr de pouvoir disposer du fruit de ses labeurs. Il est encore de toute nécessité aussi, que ce producteur d'élite ait la complète direction de son entreprise, qu'aucun contrôle gênant, en un mot, ne vienne entraver sa liberté d'action. C'est cette nécessité, nous n'avons pas besoin d'insister là-dessus, qui s'accordera toujours très-difficilement dans la grande généralité des cas, avec les organisations économiques dont il vient d'être question, même avec celles qui paraissent les mieux combinées. Aussi, ils ne nous paraît guère supposable que les sociétés coopératives particulièrement puissent jamais lutter, sur le terrain de la production, avec ces grandes organisations industrielles dont notre pays offre de si beaux exemples ; mais qui, malheureusement, ne sont pas assez connus. Nous voulons désigner ici ces vastes établissements dirigés par des chefs habiles, sortis le plus souvent des rangs des simples employés, et qui sont parvenus à force de travail et d'intelligence à réunir des capitaux considérables et à grouper autour d'eux, en les intéressant au succès de leur entreprise, des collaborateurs actifs et capables. Là, tout est méthodiquement réglé, depuis le rôle de l'apprenti jusqu'à celui du contre-maître le plus rétribué ; et l'unité d'action est telle, que tous les efforts d'un travail réfléchi et persévérant sont soumis à la direction d'un chef suprême.

En un mot, tout, dans ces vastes ruches humaines, concourt harmonieusement au but. C'est là aussi que l'on peut voir fonctionner des institutions de prévoyance tellement bien combinées, que l'épargne se forme tout naturellement, et sans prendre sur le nécessaire du salarié. Tous ceux qui font partie de ces magnifiques établissements sont secourus dans la mesure de leurs besoins ; et en général l'ouvrier le plus ordinaire peut arriver très-facilement à la possession de son foyer (1).

Ces grandes écoles du travail intelligent dont nous pourrions citer un assez grand nombre, offrent véritablement à nos yeux les modèles les plus complets d'une belle organisation économique ; et on ne saurait trop encourager les hommes capables de les créer et les diriger.

Mais, pour en revenir à notre thèse, il n'y a à ce propos encore, on peut le dire, aucune combinaison nouvelle à présenter. Les organisations industrielles et commerciales dont nous parlons peuvent sans doute se généraliser de plus en plus, mais, malheureusement, il est bien difficile d'admettre qu'elles puissent devenir la règle d'une constitution industrielle, commerciale ou agricole. Il faut, en effet, des hommes doués d'une grande intelligence et de très-rares qualités pour les fonder et les maintenir dans état prospère. Néanmoins on peut espérer que, dans les

---

(1) Voir dans le livre intitulé : *le Nouvel ordre de récompenses*, les articles relatifs à MM. de Dietrich, à Niederbronn (Bas-Rhin), Goldenberg à Saverne (Bas-Rhin), Alfred Mame, à Tours.

grandes industries surtout, elles deviendront assez nombreuses pour grouper la plus grande partie des ouvriers laborieux et intelligents, tous ceux enfin qui comprennent la nécessité du travail et désirent assurer par l'épargne leur avenir et celui de leur famille.

Mais, encore une fois, ceux-là sont-ils en majorité? C'est une grosse question, et dans l'état présent des choses, nous sommes obligé de dire que nous penchons pour la négative. En tous cas, on peut raisonnablement espérer qu'ils deviendront de plus en plus nombreux, et que la multiplicité des bons exemples, jointe à la généralisation d'une instruction sérieuse, c'est-à-dire positive et morale à la fois, fera diminuer, très-sensiblement, le nombre de ces natures indolentes, faciles à entraîner au mal, et chez lesquelles l'esprit de famille et de prévoyance se développe difficilement.

Ce sont, il faut le dire, ces hommes, en général, qui moitié par irréflexion, moitié par envie, se plaignent toujours de la constitution sociale sous laquelle ils vivent, et critiquent continuellement ceux qui leur sont supérieurs. Aussi, sont-ils toujours à la disposition de tous les ambitieux déclassés, et constituent-ils, conséquemment, dans notre société, le gros appoint de l'armée du mal. C'est là, malheureusement, ce qui nécessite encore dans tous les pays où il y a surtout de grandes agglomérations de population industrielle, une force répressive suffisante.

CONCLUSION

Nous croyons avoir fait suffisamment comprendre, qu'en réalité, il n'y a vraiment pas de questions sociales à résoudre ; et que tout ce qu'ont proposé, pour remplacer ce qui existe, les esprits les plus aventureux, les plus intéressés à trouver de nouvelles organisations sociales ou économiques, n'a aucune portée pratique.

D'un autre côté, il nous paraît suffisamment démontré que les deux formes d'organisation industrielles et commerciales sur lesquelles les partisans plus ou moins déclarés des idées socialistes fondent de si grandes espérances, et dont on peut citer quelques heureux exemples, ne paraissent pas destinées à devenir la règle générale de notre constitution économique ; et que, dans tous les cas, leur mode d'activité parfaitement connu n'implique au résumé aucune transformation nouvelle dans les rapports qui peuvent exister entre les différentes catégories de producteurs. Il n'y aurait donc, à ce sujet, qu'à attendre simplement du temps et du développement des faits, que ces exemples produisissent leurs fruits. Quoi qu'il en soit, il n'en doit pas moins rester toujours bien entendu, comme nous l'avons déjà dit, que rien ne peut s'imposer dans le domaine de l'économie politique et sociale ; et, allant plus loin, nous croyons pouvoir affirmer, sans crainte, qu'un état de choses existant est toujours, plus ou moins, l'expression des besoins et des intérêts généraux d'une société. Ensuite, nous ne craignons pas d'affirmer, qu'après tout, la liberté complète de l'individu en matière de production et de transaction doit être le dernier mot d'un ordre économique durable.

Mais ce qui ressort surtout de tout ce que nous avons cherché à établir, c'est que pour étudier sérieusement les questions qualifiées d'économiques et de sociales, il faut savoir quitter les hauteurs de la théorie, se rendre bien compte de la raison d'être des faits, et ne pas perdre de vue surtout, les véritables et seuls mobiles de l'activité humaine ; sans cela, on risque de se perdre dans le vague des aspirations irréalisables. Ils ne faut pas non plus oublier une chose : c'est que toutes les institutions économiques et sociales doivent toujours tendre à favoriser le travail intelligent, car c'est lui seul, guidé par le sentiment de la prévoyance, qui peut rendre les sociétés riches et prospères.

Ce qui pousse l'homme à travailler, en dernière analyse, n'est-ce pas d'abord la nécessité de satisfaire d'impérieux besoins ? Ensuite le désir d'acquérir du bien-être pour lu et pour les siens ? Et ne craignons jamais de trop le répéter : n'est-ce pas le travail accumulé, l'épargne, c'est-à-dire la richesse, qui facilite et étend cette production dont au résumé tous profitent ? Maintenant, encore une fois, qui procure aux hommes les loisirs nécessaires pour agrandir le cercle de leurs aptitudes morales, si ce n'est la richesse ? Et, par la force des choses, la richesse n'engendre-t-elle pas la richesse ? Enfin, si les produits se consommaient au fur et à mesure qu'ils se créent ; s'ils ne restaient pas la propriété de ceux qui les font naître, la richesse serait-elle possible ? Ainsi en remontant même aux époques primitives, est-ce que les instruments de l'âge de pierre, qui permettaient aux premiers êtres humains de satisfaire plus facilement aux nécessités matérielles de leur existence, n'étaient pas en réalité des richesses ? Et ne devaient-ils pas appartenir à ceux qui savaient les tailler, et consacraient beaucoup de temps à ce travail ingrat ? Car enfin ces sociétés primitives en question n'avaient-elles par un immense intérêt à garantir aux industriels de ces temps reculés le fruit de leurs rudes labeurs ?

Tout cela nous entraîne donc à redire, que dans l'enfance même des sociétés, le travail accumulé, c'est-à-dire la richesse, est toujours ce qu'il y a de plus utile ; et que pour qu'elle se produise, il faut qu'elle soit respectée. La première de toutes les nécessités sociales est donc de protéger et d'encourager par tous les moyens possibles le travail et l'épargne, ces créateurs du bien-être général, et qui, encore une fois, par voie de conséquences, permettent seuls, ce qui n'est pas douteux, au monde moral de se développer. Mais comme, en définitive, les heureux effets du travail ne se produisent qu'autant que l'homme peut jouir avec sécurité de qu'il a acquis, ou en faire jouir les siens, nous sommes conduit tout naturellement à regarder comme indestructibles ces deux grandes assises des sociétés civilisées : La famille, la propriété !

A présent, qu'il nous soit permis de revenir un peu sur nos pas, avant de conclure définitivement, car il s'agit de prouver aussi, dans l'intérêt de notre thèse, que l'antagonisme existant chez nous ou ailleurs, entre les salariés et les directeurs d'entreprises, peut cesser complétement ; et que sans chercher inutilement à changer la constitution économique et sociale d'un pays, il est facile de ramener l'harmonie entre ceux qui croient arriver à modifier heureusement leur condition, au moyen de luttes insensées, menaçant de tarir les sources de la richesse publique, et ceux qui sont appelés, par leur aptitude, leur expérience et les ressources matérielles dont il disposent, à diriger les premiers.

Nous l'avons déjà dit : c'est en Angleterre, au commencement de ce siècle, que le génie industriel, stimulé par la nécessité de produire à bon marché, parvint à créer une partie des nombreuses machines qui sont l'honneur de l'industrie moderne. Mais il est évident que ces grands progrès mécaniques avaient momentanément un côté fâcheux, puisqu'ils supprimaient forcément dans quelques industries une certaine quantité de bras, et conséquemment (selon la loi de l'offre et de la demande formulée par les économistes) tendaient à amener l'abaissement des

aires. Aussi le salarié qui, par suite d'un travail peu
numérateur, et par manque de prévoyance, vivait péniblement au jour le jour, a-t-il dû souffrir beaucoup du
nuvel état des choses. De là, l'idée toute naturelle de
fonder ces unions ouvrières, dont la première pensée a
été d'organiser des caisses de secours, pour prévenir
les effets désastreux du chômage ; mais, qui durent chercher bientôt à opposer une résistance à la pression exercée sur les prix de la main-d'œuvre. De là aussi cet antagonisme si passionné, qui existe encore, à l'heure qu'il
est, entre les salariés et ceux qui dirigent les ateliers de
travail. Cependant on ne peut se dissimuler que la direction donnée aux premiers agissements des trade's unions
a beaucoup contribué à le développer.

Mais les luttes et les crises qui devaient en être la con-
séquence forcée eussent été bien plus graves dans leurs
conséquences, si le pays où elles se sont produites, et se
produisent journellement encore, n'était pas, au point de
vue de son organisation sociale, assez fortement constitué
pour faire respecter la loi et la liberté des transactions
entre les producteurs des différentes catégories. S'imagine-
t-on, en effet, ce que pourraient amener chez nous ces
grèves formidables, quand les masses ouvrières, surexcitées
par la passion et la colère, ne veulent voir, devant elles,
que des privilégiés maîtres des instruments de travail,
se refusant même à les utiliser, comme le font dans certains cas les producteurs anglais, pour ne pas avoir à
subir des exigences impossibles à satisfaire.

D'après ce qui a eu lieu dans quelques centres indus-

triels de la Grande-Bretagne, on est vraiment effrayé [
ce qui pourraient se passer si ces choses se généralisaie[
et des ruines que l'esprit du mal parviendrait à amo[
celer.

Du reste, il ne faut pas se le dissimuler, et c'est l'i[
firmité humaine qui le veut ainsi, il y aura toujours pl[
ou moins un certain antagonisme — quoiqu'il n'ait p[
le plus souvent sa raison d'être — entre ceux qui dirige[
et rétribuent, et ceux qui sont dirigés et rétribués. Ce[
tient évidemment, en grande partie, à ce que les premier[
obligés par la nécessité des choses, de produire bien [
relativement à bon marché, sont forcés d'exercer un con[
trôle plus ou moins sévère sur ceux qu'ils emploient, [
ont tout naturellement une tendance à chercher à obten[
le plus de travail possible dans les meilleurs condition[
voulues. Il faut convenir aussi que le salarié est toujou[
disposé à croire que son travail devrait être mieux rétri[
bué, et que le directeur de l'entreprise à laquelle il ap[
partient fait de très-gros bénéfices, tout en se donnan[
moins de mal que lui.

Et cependant, il est bien évident que dans la grand[
généralité des cas, les intérêts de ce qu'on peut appele[
ces deux classes de producteurs sont indentiques, et qu'[
leur serait toujours facile de s'entendre.

Ceci est, après tout, bien moins difficile qu'on ne l[
pense et encore une fois, il n'y a pour cela rien à inventer[
rien à créer. Les institutions qui doivent amener cett[
entente existent, et on peut même dire qu'elles auraien[
dû toujours exister. Mais comme la passion, c'est-à-dir[

les exagérations et les malentendus gouvernent, en général, les choses de ce monde, il n'a pu être possible d'organiser ces institutions et de les faire fonctionner sérieusement que le jour où il a été bien démontré aux deux parties que leur antagonisme a toujours pour premier et le plus souvent pour seul résultat, de leur imposer de grands et d'inutiles sacrifices. Aussi, comme c'est en Angleterre que les grèves — c'est-à-dire, en réalité, la lutte matérielle entre les ouvriers et les patrons — ont pris leur plus formidable développement, et ont fait le plus de mal, il était tout naturel que l'Angleterre trouvât la première les seuls moyens propres à les conjurer. Seulement, il faudra peut-être encore beaucoup de temps pour que l'emploi de ces moyens se généralise. Il n'en est pas moins vrai qu'il y a aujourd'ui, chez nos voisins d'outre-Manche, des centres industriels qui, à certaines époques ont été désolés par des grèves ; dans lesquels certaines trade's unions ont gaspillé des sommes considérables, et forcé même par leurs agissements la force publique à intervenir ; et où, aujourd'hui, il n'est plus question de choses semblables. Nous citerons plus particulièrement la ville si industrieuse de Nottingham, ville dans laquelle un producteur très-distingué, un homme de bien, a fini par faire cesser un état de choses qui allait devenir fatal à la prospérité de ce magnifique centre de fabrication.

C'est en effet à M. *Mundella*, fabricant de bonneterie, aujourd'hui membre du Parlement, que l'on doit la création de ces tribunaux conciliateurs composés mi-partie de patrons, mi-partie d'ouvriers, choisis parmi les plus capables et les mieux doués de l'esprit de justice. Ces tribunaux sont chargés de régler à l'amiable toutes les questions relatives aux heures de travail et aux taux des salaires ; en un mot toutes celles qui peuvent amener des conflits entre les patrons et les ouvriers. Ajoutons que depuis qu'ils sont institués, toutes ces questions ont été résolues à la satisfaction des deux parties.

Il est facile, du reste, de comprendre, que si de légitimes réclamations sont exposées avec bonne foi, devant des hommes compétents et disposés à admettre tout ce qui est juste et possible, elles obtiendront toujours satisfaction.

Encore quelques lignes pour en finir avec les trade's unions anglaises.

Certes, elles ont commis bien des erreurs, elles ont fait bien des fautes, c'est l'infirmité humaine qui le veut ainsi ; mais, néanmoins, il faut convenir qu'elles ont toujours eu un but bien défini, et qu'elles pouvaient espérer atteindre. C'est ce qui prouve le bon sens et l'esprit pratique de la race anglo-saxonne. Il est impossible en effet de ne pas s'apercevoir, en étudiant l'organisation de ces fameuses sociétés, et en lisant les enquêtes officielles dont elles ont été l'objet, que le sang anglais est imprégné pour ainsi dire de cet esprit de justice et d'équité qui fait les grands peuples. Chez nos voisins aussi, grâce à un bon sens inné, les questions économiques ne se compliquent pas, comme chez nous, de rêves d'organisation sociale impossible ; ils ne paraissent pas le moins du monde, par exemple, méconnaître la raison d'être du capital ; ils sont loin de le considérer comme un ennemi, et n'affichent même pas la prétention d'entrer en lutte sur le terrain industriel avec ceux qui savent si bien le faire fructifier. L'ouvrier anglais a l'esprit trop pratique pour se laisser entraîner par des illusions et de vagues théories. Seulement, ce qu'il paraît poursuivre avec une ténacité remarquable, c'est l'élévation de son salaire et la diminution des heures de travail : il ne va pas au-delà. On comprend alors que l'antagonisme qui existera toujours plus ou moins entre les ouvriers et les directeurs d'entreprises ne puisse avoir des conséquences trop graves chez nos voisins d'outre-Manche ; et quoiqu'on en dise, qu'il ne menace nullement leur état social et économique.

Celui qui se manifeste depuis un certain temps chez nous, au contraire, est le plus souvent entretenu par les illusions et les mauvaises passions ; aussi ceux qui en sont les interprètes prétendent-ils non-seulement modifier notre constitution économique, mais encore notre organisation sociale. Ainsi, la *Société internationale des travailleurs*, dont nous avons cité plus haut quelques parties du programme, et qui paraît être l'expression la plus accentuée des idées socialistes, déclare-t-elle, de prime abord, une guerre implacable à l'ordre de choses existant. Et non-seulement elle fait, comme nous l'avons dit, des rêves de palingénésie sociale, mais d'après ses manifestations les plus apparentes, elle paraît bien décidée à imposer ses idées par la violence. Il devient donc nécessaire, pour défendre les principes éternels qui ont fondé les sociétés, et peuvent seuls les maintenir calmes et prospères, d'employer contre les agissements de ce qu'on peut appeler le socialisme militant, la force matérielle ; c'est à dire de se servir, au besoin, des moyens les plus énergiques pour triompher d'attaques brutales ou sournoises, et faire respecter ce qui est la sécurité de tous.

Ainsi, quelles que soient les convictions de ceux qui croient à la valeur pratique de nouveaux systèmes économiques, il y a d'abord une chose qu'ils doivent comprendre, c'est qu'une société ne doit pas se laisser continuellement menacer, si elle ne veut pas, d'un seul coup, compromettre des résultats obtenus par une suite de générations et des siècles de labeur, et laisser s'ébranler les deux bases sur lesquelles repose son existence : la famille et la propriété légalement acquise et légalement transmise. La morale de tous les temps et de tous les peuples civilisés ne l'exigerait pas, que les nécessités matérielles auxquelles les sociétés sont soumises l'imposeraient quand même. Il n'y a vraiment que des fous ou des malintentionnés qui peuvent nier cela. Aussi que reste-t-il à faire aux prétendus novateurs ? Se grouper en faisant simplement appel à l'esprit d'ordre et de prévoyance. Et puisqu'ils prétendent, par exemple, que les directeurs d'entreprises s'attribuent une trop large part dans les produits du travail, ils n'ont qu'à se mettre en mesure de fonder, dans chaque spécialité industrielle, des ateliers de production où les résultats seront répartis au prorata de l'ouvrage accompli et de sa perfection, entre tous les membres associés.

Doit-on espérer voir se créer un grand nombre d'organisations économiques de ce genre ? Nous nous sommes déjà expliqué là-dessus ; mais quoi qu'il en soit, c'est tout ce que le salariat peut raisonnablement tenter, et il n'est pas nécessaire pour cela de rêver un bouleversement social ; il s'agit simplement de voir si le plus grand nombre, en faisant appel à l'esprit d'association, peut arriver à une condition meilleure par le travail et par l'épargne, voilà tout.

On le voit, ce qu'il y aurait simplement à faire, c'est donc, en définitive, ce qui dans tous les temps et à toutes les époques a le plus contribué à créer la richesse, et a permis, conséquemment, aux sociétés d'accroître leur puissance productrice. Mais ne cessons pas de le répéter : pour cela, il n'est pas nécessaire de bouleverser l'ordre de chose existant ; ce qui aurait pour premier résultat de tout compromettre.

Nous oserons donc dire, en terminant ce petit travail, que ceux qui voudront étudier sérieusement l'organisation agricole, industrielle, commerciale des sociétés modernes, et tenir compte des différents mobiles qui peuvent seuls stimuler et entretenir l'activité morale et matérielle de l'homme, arriveront forcément à cette conclusion : Qu'il n'y a vraiment pas, à proprement parler, de questions sociales à résoudre. Ce qui revient à dire, que tout ce qui peut modifier au profit du plus grand nombre l'état économique actuel de notre société, peut avoir lieu demain, sans aucune transformation nouvelle ; et qu'il n'y a, en réalité, que les convoitises et les intérêts mal compris qui entretiennent un antagonisme regrettable entre les différentes classes qui la composent.

Ne perdons pas de vue, cependant, que les qualités individuelles nécessaires à la production de la richesse, telles que l'intelligence, l'amour du travail, la prévoyance, ne sont encore et ne seront de longtemps que l'apanage de la minorité. Aussi, pour les esprits vraiment positifs et observateurs, il est bien démontré qu'il en est aujourd'hui du monde matériel comme du monde moral : les grandes assises de son organisation future sont posées pour toujours ; et le premier ne peut prospérer qu'en respectant de plus en plus les principes fondateurs des sociétés. L'agitation malsaine qu'entretient dans certaines parties de l'Occident l'esprit socialiste, ne peut donc que nuire à la prospérité générale et en retarder le développement. Le socialisme, on peut l'affirmer, pris dans son acception la plus générale, est incapable de rien fonder, parce qu'il méconnaît les tendances invincibles de l'humanité ; et il ferait certainement des ruines incalculables, s'il parvenait momentanément à imposer ses idées par la violence.

Qu'on nous permette maintenant une digression, presque forcée par la nature de notre sujet, en faveur de ce qui, en dehors des intérêts matériels, contribue le plus à maintenir l'harmonie dans les sociétés.

Nous venons de dire que les grandes assises du monde moral étaient légalement posées ; qui oserait dire, en effet, qu'on peut aller au delà de l'idée chrétienne dans sa première et imposante simplicité ? N'est-il pas démontré, au contraire, pour les plus hautes intelligences, que les siècles peuvent se renouveler à l'infini, sans qu'un être humain arrive à dépasser en perfection morale le vrai disciple du *Christ?* L'homme-Dieu n'a-t-il pas résumé tout ce qu'il y a de divin en nous, tout ce qui peut conduire l'humanité à cet état d'élévation spirituelle, qu'un infiniment petit nombre de natures privilégiées peuvent encore seules atteindre? Et si nous voulons ici jeter un coup d'œil philosophique sur certaines tendances de notre époque, n'avons-nous pas le droit de dire : A quoi ont abouti, en réalité, les études les plus patientes et les plus sagaces sur le monde matériel? Est-ce à conclure, par exemple, comme les partisans d'une doctrine célèbre (1) à la nécessité du règne de la force, pour arriver à cette perfection physique qui serait le but de la création? Faut-il ne voir dans l'ensemble des phénomènes qui nous entourent, comme paraissent vouloir l'établir certains admirateurs de cette doctrine, qu'une lutte matérielle sans fin, une destruction inconsciente des faibles au profit des forts, sans autre résultat possible qu'une modification fatale et éternelle de la matière organisée. Eh bien! nous n'hésiterons pas à dire que celui qui arrive à cette conclusion, même à la suite d'un travail persévérant de la pensée, est évidemment un esprit privé de ce rayon de la lumière divine qui peut seule traverser les ténèbres qui nous entourent; et qu'il est borné par cela même dans sa sphère d'activité morale. Il peut être sans doute un grand observateur des choses tangibles, mais il ne s'élèvera jamais à la hauteur que l'âme humaine peut atteindre.

---

(1) Celle de Darwin.

Quoi de plus beau, au contraire, et de plus en harmonie avec l'esprit de justice et de bonté, trace lumineuse de notre origine, que le sentiment qui nous porte à protége les faibles et les déshérités, à les secourir? Et si cette tendance n'était pas innée et impérieuse chez l'homme, l'humanité serait-elle arrivée au degré d'élévation morale relative où nous la voyons aujourd'hui? Enfin, ce souffle de charité et d'humilité qui a transformé l'ancien monde, d'où est-il venu? Qui conteste aujourd'hui que la perfection morale est au-dessus de la puissance physique? S'agit-il, à l'heure qu'il est, de faire des athlètes ou des êtres bons et moraux? Un Milon de Crotone serait-il mis au-dessus d'un Pascal? Après tout, mais en restant dans des considérations de l'ordre matériel, voyons ce qu'a produit le développement intellectuel de la société : est-ce qu'un paysan d'une force ordinaire, muni d'outils perfectionnés, ne fera pas plus de besogne qu'un sauvage doué d'une force herculéenne, mais qui n'a que de très-grossiers instruments pour venir en aide à sa force musculaire? Enfin, est-ce que des machines d'une puissance énorme, des moyens de destruction effrayants et aussi prompts que la pensée dans leur mode d'action, ne sont pas venus annuler, en quelque sorte, les conséquences de la force brutale? L'homme dont le moral est bien trempé, et qui est convenablement armé, ne triomphe-t-il pas aisément même du lion, ce puissant seigneur du désert?

Maintenant, nous nous adresserons à ceux dont l'âme s'est en quelque sorte matérialisée dans l'étude des phénomènes purement tangibles; à ceux surtout qui prétendent saisir le point de départ de la vie, le mode de constitution de l'être, dans cette infiniment petite cellule organique, qui renferme encore peut-être tout un monde animé, et nous leur dirons : N'est-il pas vrai que vos microscopes deviennent impuissants en face de l'infiniment petit, comme les télescopes ne font qu'aider à constater les profondeurs insondables de l'espace? Que savez-vous en définitive ? Expliquerez-vous jamais comment l'atôme vivant est le point de départ d'une si grande variété d'êtres, et arrive à créer des facultés morales qui ont la puissance d'annuler souvent les tendances les plus impérieuses de la matière dont elles ne seraient, suivant vous, que l'émanation ; de la soumettre, en un mot, à sa volonté? Ne voyons-nous pas tous les jours, en effet, des êtres humains sacrifier toutes les jouissances matérielles de ce monde, toutes les satisfactions de l'orgueil, pour vivre dans la contemplation des vérités morales, et qui sont toujours prêts à souffrir pour les affirmer? Enfin, qu'est-ce qui a donné à l'humanité ces fortes croyances à des choses qui échappent aux sens? Qu'est-ce qui lui fait courir sans cesse, malgré ses entraînements passionnés, à la recherche de cette perfection spirituelle que certaines natures privilégiées seules atteignent? Si l'homme n'était pas autre chose qu'un animal mieux doué que les autres, il ne pourrait avoir que des instincts plus développés; il subirait, sans se révolter, l'empire de la force brutale, et ne mettrait pas au-dessus de tout le droit et la justice. Il ne serait pas arrivé surtout à l'idée de la vie future. L'être qui vient pleurer sur la tombe de ceux qu'il a aimé, qui élève les yeux vers le ciel avec l'espérance de les revoir, qui lutte sans cesse contre la fatalité même de la matière, qui protége et soutient les faibles, les malheureux, n'est pas seulement un animal; dans tous les cas, c'est au moins celui sur lequel le souffle créateur a laissé le plus l'empreinte de sa divine essence...

Reprenons à présent notre thèse, en terminant :

Il n'y a, en fin de compte, et tous les esprits sérieux sont d'accord sur ce point, qu'un moyen de rendre meilleure la situation de ceux qu'on désignent ordinairement sous le nom de salariés : c'est de tendre par toutes les forces vives et économiques d'un pays à l'accroissement de la production. Quand l'activité des ateliers de travail augmente, la rémunération du travail s'élève forcément, et le produit, devenant plus abondant, est à plus bas prix. Double avantage, et qui profite à tous. Mais comment, en définitive, la production peut-elle se développer, si ce n'est par les moyens que lui fournit cette richesse accumulée, fille de l'épargne, qui multiplie en les rendant plus puissants les instruments de travail, tout en fécondant l'esprit d'entreprise. Et pour créer la richesse, comme nous l'avons déjà mis en lumière, il y a ces mobiles puissants qui poussent l'homme à travailler : c'est-à-dire, le désir de posséder et l'amour de la famille. Il faut donc, naturellement, que la sécurité sociale permette à ces deux sentiments de se développer sans entraves; car il est bien de la dernière évidence qu'ils sont la cause première, la source de cette richesse qui élève sans cesse, dans nos sociétés modernes, la condition du plus grand nombre.

Maintenant, si l'on nous accorde qu'il faut, avant tout, protéger la famille et la propriété et respecter la liberté de chacun au point de vue économique, nous ne voyons pas trop quelle peut être la raison d'être d'une seule visée socialiste.

Oui, quoi que disent et fassent les utopistes et les illuminés, il faudra toujours faire la place, dans une constitution sociale, aux véritables mobiles qui font agir l'humanité. On aura beau prêcher et faire appel à toutes les illusions, l'homme ne vit pas longtemps d'enthousiasme et de théorie! Traitez-vous de frères tant que vous voudrez, nous ne nous y opposons pas; cela peut être bon pour la cause que vous prétendez défendre, et parce que vous poursuivez momentanément le même but; mais au fond, vous savez bien que vous n'êtes pas plus des frères que ceux qui n'emploient pas à tout propos cette appellation quelque peu hypocrite. Enfin, croyez-le bien, toute votre phraséologie de convention, toutes vos panacées humanitaires ne modifieront jamais les impérieuses tendances qui, en dehors de quelques moments passagers, font vibrer si impérieusement le cœur de l'homme; entraînements invincibles qui se joueraient même au besoin des codes draconiens que vous osez rêver. Ce qui a seulement, il ne faut jamais l'oublier, une valeur pratique, et conséquemment est durable en ce monde, c'est de régler les choses de façon à ce que les besoins moraux et matériels de l'homme soient satisfaits; et nous oserons le dire: de façon à ce que ses intérêts particuliers s'accordent avec l'intérêt général.

A présent, il faut surtout répéter aux hommes de bonne foi, entraînés passagèrement par des utopies plus ou moins séduisantes : Prenez garde ! Sous le prétexte spécieux de remédier aux misères inhérentes à toutes les choses de ce monde, on veut se servir de vous pour remettre en question toutes les légitimes conséquences d'un passé qui a eu sa raison d'être, et renverser cet édifice social qui peut seul abriter les générations futures. On sème aussi parmi nous l'inquiétude et la crainte du lendemain, et c'est ce qui peut le plus paralyser les laborieux efforts nécessaires à l'accomplissement de notre tâche; car elle consiste, aujourdhui plus que jamais, à accroître constamment le bien-être général, pour voir s'élever de plus en plus le niveau moral des populations.

Il serait pourtant bien temps de comprendre, sans que de nouveaux cataclysmes nous y obligent, qu'une société ne peut prospérer et grandir qu'avec l'ordre et la sécurité, et en ne cessant de s'appuyer, encore une fois, sur ces deux bases obligées de tout ordre moral et matériel : la famille et la propriété. Or, à ce double point de vue, comme nous venons de le dire, quelles peuvent être vraiment les questions dites sociales à résoudre, quand il est hors de discussion que chacun a la liberté d'user comme il l'entend de ses facultés physiques et morales, en se conformant, bien entendu, aux conventions établies dans l'intérêt de tous, et que rien ne s'oppose à ce qu'il en soit ainsi ?

Affirmons donc encore de nouveau que toutes les aspirations dites socialistes, personnifiées dans quelques hommes lettrés qui, en les supposant d'une entière bonne foi, se sont complu dans les illusions et les théories, n'ont en réalité aucune raison d'être, aucune portée sérieuse. On peut même ajouter que, si leurs adeptes, aidés par ce qu'on peut appeler l'armée du mal, pouvaient un jour, profitant d'une de nos défaillances politiques, arriver à prendre la société d'assaut, si l'on peut s'exprimer ainsi, ils feraient sans doute beaucoup de ruines ; mais il est pour nous de la dernière évidence, que la perte de notre bien-être matériel, d'une part, et la connaissance déjà assez répandue des nécessités sociales et économiques qui peuvent seules maintenir la prospérité chez les peuples avancés en civilisation, nous empêcheraient de rester longtemps courbés sous le joug d'un régime contre nature.

Nous sommes, en un mot, déjà trop riches et trop intelligents pour retomber au niveau des nations qui se débattent encore sous les étreintes de l'anarchie politique et sociale, et chez lesquelles, par exemple, le producteur paisible et intelligent, n'est jamais sûr de pouvoir jouir des fruits de son travail. Personne même n'est véritablement libre chez ces peuples qui s'entr'égorgent encore au nom de la liberté. Aussi peut-on dire qu'en réalité elle n'a jamais été chez eux, jusqu'à présent, que *la liberté de mal faire*.

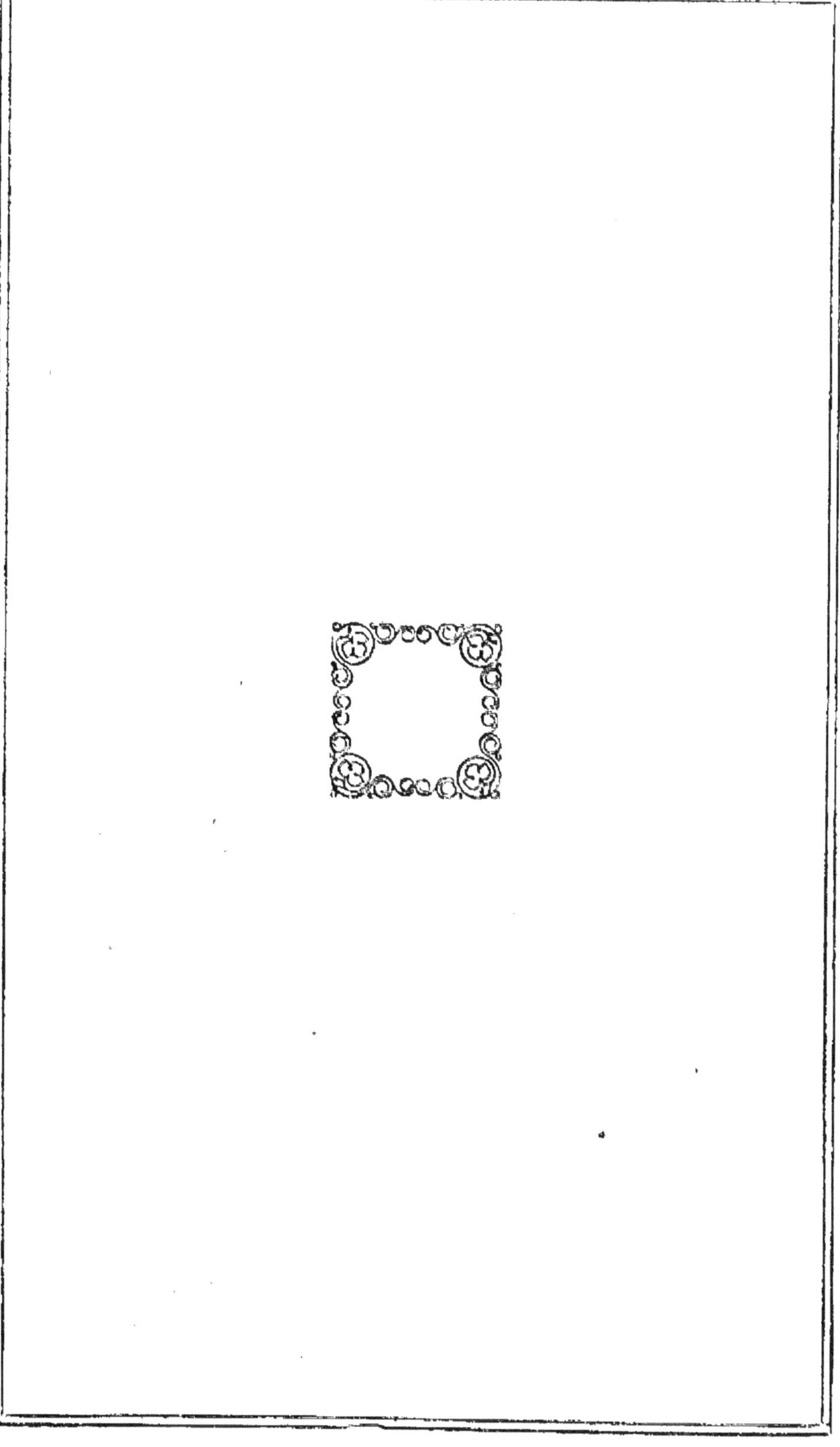